Georg Fox

Saa, was de willschd!

Mundart-Kolumnen

PVS-Edition

FSC
www.fsc.org
MIX
Papier aus verantwortungsvollen Quellen
Paper from responsible sources
FSC® C105338

Bibliografische Information der Deutschen Nationalbibliothek:
Die Deutsche Nationalbibliothek verzeichnet diese Publikation in der Deutschen Nationalbibliografie; detaillierte bibliografische Daten sind über dnb.d-nb.de abrufbar.

IMPRESSUM:

Redaktionelle Beratung: Dr. Edith Braun
Drucktechnische Beratung: Ralf Anschütz, Layout&more, Illingen
Titelbild: „Die Farben der Regionalsprache“ von Georg Fox
Karikaturen: Raphaela Jung
Satz: readygood, gesetzt in Times New Roman, 12pt
1. Auflage Oktober 2012
Vertrieb: PVS Pressevertrieb Saar Linsenmeier & Klein GmbH,
Saarstr. 133, 66265 Heusweiler, Tel.: 06806-98520
www.pvsaar.de

Herstellung:
Books on Demand GmbH, Norderstedt
ISBN: 978-3-937811-08-6

Vorwort

Der Schriftsteller und Dichter Georg Fox schreibt nicht nur Schriftdeutsch, sondern auch Mundart. Letzteres besonders gern, allen Unkenrufen zum Trotz, die gegen die Verschriftung der Mundart zu Felde ziehen. Denn leider gibt es auch hierzulande immer noch viele Menschen, die meinen, Mundarten seien lediglich gesprochene Sprachen und dürften, wie schon im Wort enthalten, nur von Mund zu Mund tradiert werden. Dabei bedenken sie nicht: Verba volant, scripta manent – die Worte verwehen, die Schrift bleibt bestehen. Das beste Beispiel dafür lieferten unsere keltischen Vorfahren, deren Kultur weitaus unbekannt blieb, weil sie nichts Schriftliches hinterließen.

Wir sollten daher Georg Fox dankbar sein, der sich seit Jahrzehnten als Autor für den Erhalt unserer Mundarten einsetzt. Den zahlreichen Büchern, die im Laufe der Jahre von ihm erschienen, fügt er nun ein weiteres Werk hinzu. Darin veröffentlicht er die Texte, die er seit 2005 für die Saarbrücker Zeitung geschrieben hat und die dort turnusgemäß mit den Texten von fünf seiner Schriftstellerkollegen abgedruckt waren. Sie vermitteln dem Leser einen Eindruck davon, was man in Mundart alles schreiben kann – so man sein Handwerk versteht.

Dass Georg Fox sein Handwerk versteht wie kaum ein Zweiter, hat er schon in seinen früheren Büchern bewiesen, und die Geschichten in diesem Buch beweisen aufs Neue, dass auch ein Mundartschriftsteller die verschiedensten literarischen Genres beherrschen kann. Und dabei gelingt es Fox immer wieder, Themen zu finden, die auf unterhaltsame Weise das Interesse des Lesers wecken, ganz gleich, ob er existenzielle Dinge reflektiert, wie in „Ääner wie der Anner“, ob er als nachdenklicher Chronist bestimmte Zeiterscheinungen schildert wie in „Kunschd fier Koschdniggs“, ob er erzählerisch plaudert wie in „Fròò nidd sevill!“, ob er spielerische Betrachtungen über seine Mundart anstellt wie in „Schwäddse fier se schwäddse!“ oder ob er in seinen Satiren augenzwinkernd vom Leder zieht wie in „Gudd gebuddsd!“

Schießlich möchte ich nicht unerwähnt lassen, dass Georg Fox zu den wenigen saarländischen Autoren gehört, die sich der im Saarbrücker Wörterbuch festgelegten lautgerechten und konsequenten Schreib-weise bedienen.

Bleibt mir nur, den Lesern viel Freude bei der Lektüre des neuen Buches zu wünschen und mit einer Foxschen Lieblingswendung zu enden: Nuur mò so gesaad!

Dr. Edith Braun

Inhaltsverzeichnis

Es kummd wie‘s kummd...

Beinäggschd glaabd mer‘s jò nidd: Ääwe noch hadd mer aangeschdoos middem Segdglaas in der Hand unn sisch allewei Broschd Neijòhr gesaad unn schwubbdiwubb – so miern iggsdierniggs isses Neijòhr verbei. Dò fròòd mer sisch, ob das im selwe Tembo iwwers ganse Jòhr so weider gehn soll.

Hann ihr aach Blei gegoss odder was wääs isch fier Schbieränsjer gemach, fier se gugge, wie das genn kann im neie Jòhr? Die meischde Leid glaawe jò, mer kinnd schunn vòòrhäär wisse, was nòòhäär kummd. Dòòdefòòr holle die es Horresgoob unn gugge, wie das wirre soll im neije Jòhr. Dò dsiehd mer de beschd die Degg iwwer de Kobb unn guggd gaarnidd hin, weil noch kääner em Schiggsaal in die Kaarde geguggd hadd. Gemäänerhann kummd jò alles annerschd wie gedengd. Es äänsische, was sischer iss, iss, dass niggs sischer iss! Dòòdruff kannschde disch verlasse unn uff meh nidd! Glaab mer‘s!

Hanner aach geschoss unn Feierwerg abgebrennd? Mier mache soo ebbes jò seid Jòhre nimmeh. Vòòr Jòhre wollde mer mòò vum Saarbrigger Schlossgaarde uff die Schdadd gugge. Dòò haschde danne geschdann wie e Hääring in der Sardienebiggs. Mer wollde e paar Foddos mache, awwer dòò iss niggs dringewään. De häddschd allgebodd nuur e paar Leid vun der Riggseid foddegraffiere känne. Nidd meh! Dò haschde meh wie sunschd ebbes Angschd um de Abberaad gehadd, so e Drängelei iss das gewään. Dass dòò mòò noch nie ebbes bassierd iss, iss e Wunner!

Unn danne hammer im leddschde Jòhr gesaad: Mier gehn de Silweschder uff die Piddlinger Berjehald. Dòò simmer gans fier uns elään unn mer hann e wunnerscheener Bligg iwwers ganse Daal. Puuschdekuche! Wie mir dòò schunn uffem Wääsch ruffdsuus gewään sinn, dò sinn Broddsesjoone vun Leid nòò owwe gelaaf. Vòòre unn hinne haschde niggs gesiehn wie Leid, die danne aach noch nääwe aan der die Raggeede lossgelass hann. Dòò haschde misse uffbasse, dass de nidd noch mid lossgang bischd, so näggschd iss das alles gewään.

Dissmòò simmer danne dehemm geblieb unn hann ausem Dachfindschder geluud. Das waar seid Jòhre de beschde Bladds, denne wo mer jee gehadd hann. Iwwers Neijòhr hann isch ebbes geschrieb, was isch mer vòòrgeholl hann fiers neie Jòhr.
Allee danne, machens gudd! Bis dsem näggschde Silweschder iss jòò noch vill Dseid. Dòò känne mer jò mòò weider siehn unn gugge, wie weid mer allgaare kumm sinn!

Neijòhr

„Broschd Neijòhr, Gligg
unn gudde Dseide!“
So saad mer dann,
wann‘s Neijòhr kummd.

De dsiehschd dei Schluss-Schdrisch
unnerm alde Jòhr unn simmeliersch:
„Was iss gewään, was iss bassierd?“
Dann fassd mer Vòòrsädds
fier e neijes Jòhr:
“Was hollschde vòòr,
wo willschde hin?”

Doch kummd’s wie’s kummd
unn gebbd aach
so geholl wie’s kummd.
Verbresch der nidd sevill dei Kobb!
So mansche Vòòrsädds haschde
schunn im alde Jòhr
nidd ingehall.
Se waare fier die Kadds.

Unn längschdens dann
im Februaar, dò haschde
all die gudde Vòòrsädds
schunn vergess
unn saaschd: “Isch waard
de näggschd Silweschder ab
unn fänge dann nommòò
vun vòòre aan!“

Wer gebbd mer ebbes!

„Gebb mer mò…!“ So saad mer bei uns, wann mer ebbes hann will. Bei uns gebbd jò alles genn. „Gebb mer mò die Beisdsang odder de Hammer, gebb mer die Bleiwòò odder de Meeder!“ So saad mer am Bau. Dò gebbd nidd lang gefaggeld unn irjendso Fissemaddendscher gemach. „Würden Sie mir bitte mal den Hammer herüberreichen!“ Dò gääd mer sisch jò graad vergraddele, wann mer so schwäddse gääd. „Iss däär noch gans figgs? Awwer sunschd gehdsem noch gans gudd!“ So gääd mer danne saan. Wo gebbds danne das? Iwwerall kännds das genn, nuur nidd bei uns. Unn das iss nuur de Aanfang.

Wann ääner saad: „Isch genn dò niggs druff!“ mennd mer eischendlisch, dass mer nidd glaabd, was ääm dò graad mò so gesaad gebbd. Dò kännd änner behaubde, die Saar gääd de Bersch enuff fliese unn de Schaumbersch gääd jeddse in de Bòddem waggse. Egaal, was aach noch bassierd. Mer glaabd ebbes immer nuur danne, wann mers selwerd gesiehn hadd unn gebbd graad gaaniggs uff das Geschwädds vun de Leit. Warum aach? Mer muss nidd alles glaawe, was die Leid so vun sisch genn.

Bei uns gebbds jò e Schbrischword, was heischd: „Es gebbd niggs, wasses nidd gebbd!“ Das iss so gans dief innewensisch die saarlännisch Fillesefie iwwer alles, wasses gebbd unn nidd gebbd. Wanns ebbes genn gääd, wasses nidd genn gääd, danne gääds dass aach nidd genn, wanns das nidd genn gääd. So äänfach iss das! Unn wanns danne doch ebbes gebbd, wasses eischendlisch nidd genn dirfd, danne saad mer bei uns: „Das gebbds doch nidd!“ Mer saad dass soggaar, wannses doch gebbd unn mer wääs, dasses das gebbd. Mer kanns ääwe nuur nidd glaawe.

Danne gebbds das Word aach noch bei ebbes, was mer vun ääm hann will. „Isch hädd gäär e Fahrrad!“ saad de Buub dsem Vadder unn der saad danne: „Isch genn der Fahrrad!“ Odder der Gneschd kummd unn will uff e Paardie. Dò saad de Vadder: „Isch genn der Paardie, raum mò dei Dsimmer uff, dò haschde Paardie genungg!“

„Isch hädd gäär e neier Kombjuuder!“ „Was breisch du e neijer Kombjuuder? Isch genn der Kombjuuder unn fròò nidd wie!“ So gridd mer alles im Saarland, aach wann mers eischendlisch nidd gridd. „Isch genn der gleisch ään!“ Wann änner so ebbes saad, danne solld mer gugge, dass mer sisch verdriggd.

Mer saad aach, wann mer ääm ebbes nidd genn will. „Dem gebbschde sei Alder nidd!“ Eischendlisch iss das danne jò e rischdisches Loob. Unn wann ääner nidd in Ordnung iss, saad mer: „Das gebbd sisch widder!“

„Demm hann ischs awwer genn!“ mennd, dass mer ääm mò die Hòòr aus de Aue gemach hadd. „Dò genn isch noch niddemò drei Pennig fier!“ saad mer bei uns immer noch, aach wann mier jò längschdens middem Eiro bedsahle. Awwer dò sidd mer mò, wie de Pennig immer noch in de Käbb vun de Leiddrin iss, aach wanns ne eischendlisch nimmeh gebbd.

„Gebb disch endlisch!“ saad mer, wann ääner uffheere solld. Unn dò wääs isch danne, dasses Dseid gebbd!

Ääner wie der Anner

„Isch kann sevill verdiene, wie isch will, aam Enn vum Moonaad fählд mer im Pordmenee immer e Hunnerder!“ saad de Jubb. Iwwerall heerd mer, wie die Leid driwwer jòòmere, wie weenisch se verdiene. Muschd nidd menne, dass ääner saad: „Isch grien in meiner Firma genungg!“ Wohhäär danne! Jò, wann mer de Roggefeller wäär, danne gääds reische. So ääner gridd Miljoone unn hinnerhäär noch e Nòòschlaach owwedruff. Das gääd ääm gefalle! Wann isch Bolliddigger wäär, gääd isch de Leid e nei Reeschelung vòòrschdelle: Jeedem Seins unn mier Meins! Awwer veleischd wäär mer danne aach noch nidd dsefridde! Es iss jò immer es selwe: Was mer hadd, langd nidd hin, unn wer genungg hadd, will noch meh. Es iss ääwe so: Immer mennd mer, dass mer nie gridd, was mer eischendlisch verdiend.

Was mache die Miljenääre nuur midd demm ganse Geld? Meh wie e grooses Schniddsel grischde nidd junner unn allgebodd kannschde nuur ään paar Schuh aandsiehe, aach wannde noch dsweihunnerd Paar dehemm im Schrangg schdehn haschd. Die holle der doch nuur Bladds wegg, wo de besser es Wergdseisch odder die Bòhrmaschinn uffheewe gäädschd. Mier hann sowwieso noch vill Dseisch iwwrisch vum Bau, dass mer gladd noch e dswäddes Heisje kännde baue! Mer missd es ganse Maddriaal jò eerschd mò verschaffe. Unn solang wie das dehemm erumschdehd, hammer kää Bladds fier die ganse Schuh, wo mier uns kaafe gääde, wammer Miljenääre wääre.

„Je meh dass mer hadd, je meh dass mer will!“, saad mer bei uns. „Es iss dsem Dunnerliddsche!“ De Jubb saad immer: „Dswansisch Broddsend vun demm, was mer in der Firma gridd, iss Schmerdsensgeld. Unn danne sinn dreisisch Broddsend aach noch Schweischegeld. Nuur de Reschd verdiend mer rischdisch.“ „Ääner wie der Anner!“ saad de Pidd, „nidd meh unn nidd weenischer!“ Awwer denne gräbbd allgebodd, dass sei Schwòòer e

Geschduddierder vun der Unni iss unn irjendwo innrer Firma uffem Birro huggd! Glaab mers: So rischdisch gligglisch issem Pidd sei Schwòòer aach nie gewään. Eerschd issem die Fraa durschgang unn jeddse hängd der aan der Flasch! Das iss doch kää Lääwe! De kannschd grammeddschele, wie de willschd, am Enn haschde jò doch nidd meh im Sagg als wie annere, so isses doch! Eischendlisch kann mer uff mansches verdsischde, wammer e liewe Fraa, gudde Kinner unn rischdische Freinde hadd.

Wammers genau holld, sinn die Reische manschmò rischdisch aarm draan. Jeeder schlawendseld um se rum unn leed killemeederweid die Schleimschbuure, fier dass mer ebbes vunne abgridd. Awwer rischdische Freinde hannse veleischd weenischer wie du unn isch, unn das alles nuur weesche em Geld. Mei Mudder hadd immer gesaad: „Sei froh, dass de iwwerhaubd ebbes verdienschd! Wann de verdiene däädschd, was de verdienschd, danne däädschde Aue mache, wivvel de grischd!

Niggs wie Fimmel!

Glääne Fimmele sinn sore, die wo mer nur danne rischdisch mergd, wammer gans genau hinguggd. Meeschlisch, dass sisch ääner immer aan der Naas graddsd odder allgebodd mid de Aue dswinggerd, wie wennem ebbes ningeflòò wäär. Isch hann schunn Leid mid Fimmele gesiehn, die sinn sunschd eischendlisch gans figgs gewään. Awwer die sinn midem Jubbe lings erum gemuschderd erumgelaaf odder hann die Kabb midem Schnabbe nò hinne aangedsòò. Annere hann jeeder Sadds mid „Ei“ aangefang odder mid „Heer doch mòò dsuu!“.

Naddierlisch gebbds aach Fimmele, bei denne sisch ääner ebbes in de eischne Sagg ninnmachd. In meiner Gneib, dò dringgd ääner immer drei Bier unn e Kurdser unn hinnerhäär saader danne, er wäär geesche de Algehool. Bei so groose Fimmele kummd mer wirglisch schunn ins Simmeliere, weil mer doch denggd, ob ääner noch gans juschd iss. Isch menn, mer kann jòò dringge, sevill wie mer will, awwer danne noch driwwer schwäddse! Isch kenn dò ääner, der kennd ääner, wo all Brille sammeld, die worer als Naasefahrrad jeemòòls gehadd hadd. Das wäär jòò jeddse noch niggs Besonneres. Awwer de Fimmel vun demm iss, dasser in seim Wohndsimmer vun der Degg e Nedds hadd runnerhänge lasse, wo all die Brille draan uffgang genn sinn. Dò sinn iwwer die Jòhre immer noch e paar meh debeikumm, dasser irjendwann mid seim Brillebaam vun der Degg uffem Boddem aankummd, wanner das noch erlääbd.

Mei ään Schweschder hadd aach soe Sammelfimmel. Die sammeld Ellefande. Äämò hadd se dòdemid aangefang unn kann jeddse nimmeh uffheere. Wann die e Geburdsdaach hadd, griddse kä Bluume, kä Grimsgrams unn kä Schdaabfänger geschenggd. Die gridd allgebodd nuur Ellefande. Grose, glääne, digge, dinne, aus Hols, aus Blasdigg, aus Bordselaan - was wääs isch aus was die ganse Dinger gemachd genn. Nuur e eschder Ellefand haddse noch nidd gridd. Das wäär danne wirglisch es Greeschde, was mer der noch schengge kinnd. Ich fròò jòò nidd, was bei eisch so gesammeld gebbd!

In de Feerie hannisch ääner gedroff, der hadd de Fimmel gehadd, dasser iwwer alles schwäddse kunnd, aach wanner mòò niggs dse schwäddse gehadd hadd. Der iss soe Halbschduddierder gewään, der iwwer alles fillesefierd. Unn wo där schunn iwwerall gewään iss unn was der alles gesiehn gehadd hadd – dò bischde baff gewään! Awwer nòhäär haddmer gemerggd: Der iss aus seim Loch noch nie rischdisch rauskumm gewään. Alles nur midem Finger uff der Landkaard! Dò kammer mòò siehn, wo so e Fimmel doch hinfiere kann. Aam Enn hadder eischendlisch gaaniggs unn widderniggs, -auser seim Fimmel.
Isch hann aach mòò ääner gedroff, der hadd de Fimmel gehadd, dasser in Saarbrigge all Schdròòse auswensisch geleehrd hadd. Unn der Dò iss noch niddemò vun dò gewään. Muschd nidd menne, dasser Taggsifahrer gewään iss odder veleischd Briefdrääer. Wohäär! Der waar irjendsoe Schreibdischhengschd unn hadd sisch de Schbass gemachd, uffem Schdaddblaan nò unn nò dse gugge, wo welsche Schdròòse leie. Uff so figgse Iddee‘e kumme jòò nuur irjendso Häärgeloffene, die niggs besseres dse duun hann.

Eischendlisch binn isch froh, dass isch gaakä Fimmel hann. Wenn iwwwerhaubd, danne schreib isch ab en dsuu uff, was die Leidmer so verdsehle. Awwer dass so ebbes e Fimmel wäär, gääd isch jeddse nidd graad saan.

Vum Scharlodd die Dseid gebodd!

Waare ihr aach in Saarbrigge im Kinno gewään, jeddse wo das Feschdewel gelaaf iss fier de Maggs Offills? Mier sinn dòògewään, awwer de Maggs hadd jò gefähld, weiler schunn dood iss. Dissjòhr hammer schunn gans frieh die Kaarde geholl, weil leddschd Jòhr waare mer dse schbääd draan unn hann nuur noch die Kurdsfilme midgridd. „Das bassierd mer nidd nommòò!“, hann isch dòò dse Meinem gesaad. Unn wie danne in der Dseidung geschdann hadd, dasses loosgehd, hann isch misch schunn middaas aangeschdelld fier die blau Schdunn, nidd dass Ääner uns die leddschde Indriddskaarde vòòr der Naas weggschnabbd.

Mier hann aach noch Kaarde fier de Sebb unn sei Fraa midgeholl unn dann aach noch fier de Alwies unns Greed. Häddschd mò solle siehn, was die hinner uns in der Schlang e Ballaawer unn Raddau gemach hann, weil mier fier all die Kaarde so lang gebreischd hann. „Wolle ihr dòò Wurdsele schlaan?“ hannse geschreid. Mier hann awwer dò gemach, als gääde mer se gaanidd heere.
Wie mier danne de erschde Daach ins Kinno kumm sinn, hadd uns es Briddse Scharlodde die Dseid gebodd. Mer solls jò nidd menne: Das hadd aa Kaarde gehadd unn hadd es ganse Feschdewel ingeweihd, weils das jò mache muss, wo ääs doch die Owwerbirjermääschdersch iss. Mer wääs jò nidd, obs Scharlodde iwwerhaubd vill iwwerisch hadd fier die Filme, awwer ääs muss das jò mache – obs will odder nidd. Dò kannschde mò siehn, die hann aach kää scheenes Lääwe, die Bolliddigger, wann se hingehn misse, wo se hinmisse, unn nidd wo se gäär hinwolle. Kann naddierlisch sinn, dass es Scharlodde aa mòò gääre ins Kinno gehd, veleischd gääd ääs awwer liewer e annerer Film gugge unn muss jeddse sisch aangugge, was es vòòrgeseddsd gridd. Hadds mò widder Pesch gehadd!

Mier waare danne jeeder Daach unnerweeschs vun äänem Kinno ins annere. Dò hann mier aach Leid gedroff, die hann drei odder vier Filme de Daach gesiehn. Das muschde dier mò vòòrschdelle!

Mid denne kunndschde nimmeh schwäddse iwwer die Filme, die hann jò alles durschenanner geschmiss, was se gesiehn gehadd hann.

All Schauschbiller, die wo innem Film midgeschbilld hann, kunnd mer besischdische. Die hann soggaar rischdisch mid äänem geschwäddsd unn dischbedierd, warrum de Film so unn nidd annerschd ausgang iss. Das hädd isch jò jeddse nidd gedenggd, wie die, wo im Film midschbille, so gans normaal schwäddse mid ääm, wo mier doch gaa kää blasser Schimmer hann vun Kinno unn so.

Wie mier aam Enn vun der Wuch die Filme, wo mer uns rausgesuchd hann, allegaar gesiehn gehadd hann, hammer aa gewuschd, wäär jeddse de Breis verdiend gehadd hädd. Awwer – mer glaabds faschd nidd – mier hann mò widder falsch getibbd unn e gans Annerer iss de Erschde gewään. Isch wääs jò nidd, wie die das so mache, awwer mier hann fier de Pubblegummsbreis beschdimmd Schdigger dsehn Kaarde uff ääner Film geseddsd unn hann die Naas fier niggs unn widder niggs geschbiddsd. Also wann de misch fròòschd: Isch wääs aa nidd, wie die das danne dsem Schluss feschdleesche, was de Leid dse gefalle hadd. Iss jò aach eggaal. Haubdsach: Mier sinn debeigewään unn hanns Feschdewel gudd iwwerlääbd!

Gudd gewäsch aan der Faasend!

Unn so gans dussma kummd jeddse die Faasend aach uff Hochduure mid Allee hobb unn so. Hanner schummò die eerschde Faasekieschelscher gebagg òdder veleischd so glääne Gräbbelscher? Sinner schunn aus gewään fier die Faasend uff die Kabbesiddsung? Mer kennd jò menne, dass es jeed Jòhr verriggder gebbd dòòdemid! Es iss jò allgebodd so, dass e äänfach rood Naas nimmeh gudd genungg iss òdder so e glòòri Brill. Dò muschde disch schunn middem gans neie Koschdiem vun Kobb bis Fuus gans nei inschdiwwele unn die Hòòr figgsfeierrood färwe.

Im Fernseher mennd mer jò manschmò, dass es ganse Jòhr Faasend gemach gebbd, wann die Grimmelwiedischs òdder de Hausmääschder in die Bidd steie, als gääd mer vun denne sunschd allewei niggs heere. Verdrähd Weld! De beschd gefallds mer jò immer noch uff denne gans glääne Därfscher, wo mer noch iwwer die Widdse in der Bidd rischdisch kann lache. Manschmò glaue die awwer jeddse aach schunn die Widdse, wo de - was wääs isch wie ofd - sunschdwo geheerd haschd.

Nòò em Griesch hadd mer nuur de Roosemoondaa gefeierd. Dòò hann danne die Kinner in der Schuul nòò der dridd Schdunn frei gridd. Awwer schunn in de seschdsischer Jòhre hadd das nimmeh gelangd. Dò waar danne mid äänem Mòò de ganse Roosemoondaa frei unn uff de Faasend-Dinschdaa hann se e Wannerdaach geleed, weil mer jò im Feebruaar so rischdisch gudd wannere gehn kunnd - dòòmòòls. Irjendwann hadd mer awwer gemergd, dass die Winderdseid fier mid Kinner wannere dse gehn doch nidd so aarisch gudd iss, weil's jò källsd wie sunschd noch ebbes. Dò hannse gans figgs de Dinschdaa aach frei gemach in der Schuul. In de Sibbdsischer isses danne so weid kumm, dass mer de Samschdaa vòòr em Faasend-Sunndaa aach frei hadd, weil ääwe so e freier Samschdaa ebbes Scheenes gewään iss. Mansche Schuule hann danne de beweeschlische Feerjedaa uff de Freidaa devòòr geleed, dass mer nò em fedde Dunnerschdaa mò gudd ausschlòòfe kunnd.

Dissjòòr issem Minnischder widder ebbes Neies ingefall: Däär machd vum Dunnerschdaa bis dsem Middwuch iwwer die gans Faasend die Schuul dsuu. Jeddse kammer die gans Faasend so rischdisch ääner druffmache. Isch glaab, wann isch mò in die Paasjoon gehn, danne hammers geschaffd, dass segaar die Wuch vòr unn nò der Faasend kää Schuul meh iss.

E glääner Tegsd iwwer die Faasend hann isch vun meiner Mudder gelehrd. Die hadd so ebbes immer gesaad, wann mer allsevill dremmelierd hadd, weil mer jò aan der Faasend ebbes genn wollde. Isch hanne heid noch im Ohr, wie dòòmòòls iwwer die Faasend geschwäddsd genn iss:

Faasend

Nidd gewäsch,
die Hòòr nidd gebirschd,
verdsoddelde Schdrimb,
Dreggschdiwwele
aan de Fies
unn aangedsòò
wie e Halbgehängder!
Wass breischde danne
dò noch Faasend?
De laafschd doch schunn
es ganse Jòhr
vun vòòre bis hinne
verbòòdsd erum!
Wäsch disch emòò,
kämm dei Hòòr
budds die Schuh,
unn dsieh danne ebbes
Aanschdännisches aan!
Jeed Wedd,
dass disch dòò
kä Ääner erkennd!

Vill Geschiss aan Faasend!

Jeddse isses widder se weid mid de Faasebòòdse unn denne ganse Feire unn Kabbesiddsunge. Awwer was dòò heid loss iss, iss jò haarmloos, wann mer draan denggd, wie mer friejer die Faasend gefeierd hadd. Wann isch näämlisch aan Faasend dengge, kummd mier immer die ald Geschischd in de Sinn, die wo mer mei Ooba alsemò verdsehld hadd. Dòòmòòls in de dswansischer Jòhre hannse in Saarbrigge aach mòò Faasend gefeierd unn die feine Leid waare innem „Café Clou“ midde in der Schdadd. Dòò hannse danne uffem Masgeball gedannsd unn was wääs isch was noch gemach. Die gans Saarbrigger Haudewollaude iss debei gewään.

Unn graad wie se midde in der Feier gewään sinn, iss dòò e Masgierder ninkumm unn hadd so e schwaardser Umhang aangehadd - iwwer unn iwwer vull mid Brallinnees druff. Uff seim Umhang hadd awwer geschdann: „Naschen verboten!“ Es waar naddierlisch glaar, dass die gannse Faasebòòdse sisch dòòdraan nidd gehall hann. Die kunnde jò de Hals nidd vull genugg grien. Jeeder iss häämlisch hinner demm Masgierde häär unn hadd denne masgierde Mann nò unn nò vun de Brallinnees gebliggd. Der ään odder anner hadd veleischd aach gemennd, dass der Masgierde so e Gägg vum Wird vum Café Clou gewään iss. Wääs mers?

Uff jeeder Fall iss de Brallinnee- Faasebòòds raddsebuddse kahl gess genn unn der Masgierde iss aach schwubbdiwubb widder vun der Bildfläsch verschwunn.

Awwer denòò! Was soll isch saan? E Schdunn schbääder hann die Erschde aangefang unn mussde uff de Gloo renne. Nò unn nò waare im „Café Clou“ all Gloos beseddsd unn die, wo drin waare, hann die Schissele nimmeh freigenn, weil se nimmeh vum Gloo erunnerkumm sinn. Dòò hann annere danne in de Nochberschafd geglingeld, ob se dòò mòò uffs Gloo dirfde. Unn mansche sinn gaanimmeh bis dord kumm unn hann Äämer unn Segdkiwwele geholl, weil in all denne Brallinnees Riddsenuss drin gewään iss unn jeeder hadd dòòdevun die Dinnschiss gridd.

Unn die Bolledsei iss noch in der Naachd kumm unn hadd denne Brallinnee-Mann gesuuchd, awwer gefunn hann se ne nidd. Alles hadd schbääder in der Saarbrigger Dseidung geschdann unn dòò kunnd dann jeeder lääse, wie die Faasend im Café Clou abgelaaf iss. So hann sisch all annere Saarbrigger halb doodgelachd iwwer das. Meim Ooba sinn beim Verdsähle die Drääne vòòr lauder Lache iwwer die Bagge gelaaf. Er waar jò nidd debei gewään! Die Saarbrigger Buuwe hann in de Daache denòò e Faasendliedsche gemach unn uff der Schdròòs als gesung: „Unn verschiss waar im Nuu - es gannse Café Clou!“

Denne Masgierde hannse awwer nidd gefunn. Erschd vill Jòhr schbääder, das muss so in de seschdsischer Jòhre gewään sinn, dòò hadder sisch gemelld, awwer dòò hadds Café Clou längschd nimmeh genn. Kääner hadd sisch uffgereeschd, weil danne jò aach schunn Graas iwwer die gans Sach gewachs gewään iss.

Gudd gebuddsd!

Aangefang hadd alles, wies Roosi dsu seim Mann gesaad hadd, dasses jeddse ääner breischd, woo em bissje helfd. Dò hadd Seiner, wie jò so die Männer sinn, gesaad, se kännd jò mò die Nochbersch fròòe, unn die breischd das jò aach nidd fier niggs se mache. Es Roosi waar jò schunn immer e bissje schnäägisch gewään unn hadd nidd so rischdisch gedsòò, awwer wie danne de groos Hausbudds kumm iss, dò haddse danne doch gefròòd, ob die Nochbersch mò wolld helfe buddse.

Die hadd gleisch jòò gesaad unn dass se missd minneschens vier Labbe hann unn danne aach noch drei Äämer dedsuu. „Dunnerliddsche!“ hadds Roosi gedenggd, mid däär hannisch die Goldkaard gedsòò. Unn dòò hadds gesaad: „Ei sie wisse mò wirglisch, was buddse heischd, kummese danne mò näggschde Middwuch, dò fange mier rischdisch aan.“

Es Roosi iss de Daach devòòr dabber in de Baumaargd gang unn hadd m dswälf Buddslumbe kaaf unn aach noch e gans Baddrie vun Äämere, dass die aarm Fraa aach sefridde solld sinn. Awwer wie die danne aanfange wolld, haddse gesaad, die Labbe wääre dse groos unn se breischd dsem Buddse gläänere Labbe, so gans glääne Läbbscher. Unn dòò iss es Roosi widder loss, fier dass es die Läbbscher besorschd hadd, derweil die Nochbersch mò Kaffeepaus gemachd unn aach e glläänes Breedsche mid Lewwerwurschd verdriggd hadd.

Wies Roosi danne kumme iss, hadd die Nochbersch gesaad, es Roosi missder mò dseie, wies gebuddsd wolld hann unn woo, unn was iwwerhaubd so se mache wäär. Unn es Roosi iss uff die Lääder geschdie unn hadd der Nochbersch gedseid, wie die Egge gebuddsd genn, nidd dass noch irjendwo e glään Schbinneweebsche se finne gewään iss.

Unn danne hadds Roosi vòòrgemachd, wie die Finschdere gebuddsd genn, unn die Nochbersch waar baff gewään, dass aach die Rahme gebuddsd genn, unn danne hadds Roosi gedseid, wie de Boddem geschrubbd gebbd, unn die Nochbersch hadd debei geschdann, hadd dsuugeguggd unn hadd gesaad, dass se das aach so gemachd hädd, graad wies Roosi das vòòrmachd, unn se gääd aach noch de annere Labbe holle, dass se mò dseie kännd, wie die Kisch abgewäsch gebbd.

Unn es Roosi hadd sisch ins Dseisch geleed, weil die Nochbersch so rischdisch begeischderd waar, wies Roosi die Aarwed geschaffd hadd. Nòò dswei Schdunne waar die gans Wohnung bliddseblangg, es Roosi waar figgs unn ferdisch unn die Nochbersch hadd gesaad, ei se wäär jò bladd, wie schnell se die Wohnung uff Vordermann gebrung hädde unn wie alles so scheen sauwer wäär. Dò hadd se die Hann uffgehall fier dreisisch Eiro fiers Buddse unn die näggschd Wuch gäädse nommò kumme unn danne kännde se das widder so mache. Unn es Roosi solld schummò die Läbbscher unn Labbe auswäsche unn veleischd aach die Äämer ausschidde unn innewensisch gudd auswäsche, weil se die näägschd Wuch nidd middem dreggische Äämer buddse gääd. Bis näggschmò kännd se jò schummò die Terrass feesche unn veleischd die Bedder schdribbe, weil se hädd gesiehn, dasses needisch hädde.

Wie em Roosi Seiner schbääder erfahr hadd, wie alles gelaaf iss, hadder nuur noch die Nochbersch gebuddsd. Dòò waar danne segaar aach die Lufd noch sauwer.

(Dieser Text wurde in einem Buch erstmals veröffentlicht in „MundART-Frühling“, ISBN 978-3-942767-01-9, Kelkel-Verlag, Dillingen)

Middem Määde machschde was mid

Dòòmòòls nòò der Gebuurd hann die Ääne gesaad: „Was, nuur e Määde?" Graad, wie wann e Buubsche dobbeld se vill gääd dsähle. Awwer die Annere hann gemennd: „Sei jò froh, dasses e Määde iss. Dòò haschde kää Huddel! Määde sinn sauwer, Määde sinn fleisisch, Määde sinn ääwe äänfach leischder gros dse grien als wie Buuwe!“

Isch hann misch schunn gefreid unn gedenggd, dass isch die rischdisch Nummer gedsòò hädd. Unn aanfangs isses jò aach gudd gang. Kää Dreggschbadds, in da Schuul immer parrierd, dass mer sei eischne Dseischnisse gans hinne im Schrangg verschdobbele missd. Nidd dasses emòò die ald Dseischnisse finne gääd unn werr wääs was iwwer sei Babbe denggd. Unn aach, wies in der Lehr gewään iss: Kää Muggs unn kää Grimmel im Kääs. Immer rischdraus unn orndlisch, als nuur die graad Fuhr gefahr. Annere hann schunn gesaad, dass mei Dochder nidd gans normaal wäär, so wie die sisch gääd draanschdelle. Die kunnde sisch nidd vòòrschdelle, dass dòò alles wie aam Schniersche glaabd. Isch hann misch schunn so rischdisch gefreid unn dsu meiner Fraa gesaad, dasses beschdimmd ebbes mid meim Bluud midgridd hädd. „Waads ab!“ hadd Meins nuur gesaad. Unn se hadd reschd behall. Wie die erschde Buuwe vòòr da Dier uffgedauchd sinn uff denne Furdsglobber, isses loosgang. Dass hädd mer jò noch vergrafde känne.

Awwer danne, wies sei eischne Wohnung inngerischd hadd, hadd de Babbe naddierlisch helfe misse. Nidd genugg, dasses vun dehemm furd gedsòò iss. Awwer wo muss mer gleisch vun Saarbrigge nòò Hambursch? Das fròò isch misch! Unn sei gans Baggaasch hadd midgemissd. Nidd nuur e Bedd, e Schduhl, e Schrangg! Häddschd mò siehn solle, was das Määde e Dseisch ingepaggd hadd in Kischde unn Kaschde. Unn de Babbe mid debei. Wie mier in Hambursch aankumm sinn, hadd misch beinäggschd de Schlaach geriehrd. Muschd nidd menne, dass die Wohnung im erschde Schdogg gelää hadd! Bis in de vierde hann isch alles eruffgeschlebbd, weil naddierlisch kää Uffdsuuch dòògewään iss. Unn es Määde als hinnedraan unn gegrisch: „Bass uff, ò jesses, mei Gescherr! Schdoos de Kaschde nidd aan, dòò iss die Lamb drin!“ Isch hann geschlebbd wieje Päärd. Mei Fraa hadd gesaad, dass mer hädd e Film drähe känne, wie isch im Drebbehaus ruff unn runner gesausd sinn.

Glaab jò nidd, dass päärs schunn gewään. Wie mier all Dseisch in die vierd Eddaasch hann gebrung gehaad, dòò isses erschd rischdisch loosgang. Isch saan jò immer: „Wann die Kinner greeser genn, gebbd alles es bissje greeser!“ Friejer haschde Iwwerraschungseier sesammegebaud, heid machschde dass mid de Ikeeaa-Meewele. Haschde mò soe Schrangg nòme Blaan gebaud? Wannde dòò nidd drei Silweschder e Inscheneer-Schduddiererei gemach haschd, brauchschde gaarnidd aansefänge.

Unn wie dann alles geschdann hadd unn isch binn figgs unn foggsi gewään, hannisch gedenggd, mer hädd jeddser sei Ruh. Dòò saad das Määde, näggschd Jòhr gääds danne nò Parriss umdsiehe. Unn weil das so gudd geglabbd hädd, därfd ischem widder helfe. Isch kann der saan: „Midde Määde machschde was mid!“

Geh mer jòò nidd in mei Gaarde!

Kaum dass die erschd warm Daache dòò sinn, laafe all mid me Schbaade in de Gaarde unn raggere als gääds was genn defier, dass mer de erschd Robbsallaad odder Raddiesjer hadd. Veleischd wolle se aa beim Gaardeweddbewerb de Erschde mache. Manschmò kinnd mer menne, die Saarlänner hädde so e glääner Gaardefimmel. Die holle segar de Meeder, fier die Grumbeere se seddse. Das muschde dier mò vòòrschdelle: „Grum“beere genn graad middem Meeder geblansd. Unn beim Blanse dengge se immer noch e bissje weider wie aans Ernde. Dò siehn se die Grumbeere schunn so gudd wie in der Bròòdpann bruddsle.

De Gaarde im Saarland kummd gleisch nòò der Fraa unnem Heisje. Dò lassd mer niggs druff kumme. Isch kenn ääner, der hadd de Nommiddaa, kaum dasser dehemm iss, die Schaffbuggs aan unn jääd jeeder Schnegg äänseln nòò, die woorer nuur verwiddsche kann. Der iss so gäggisch uff sei Schnegge, dasser soggaar Falle uffschdelld. Der hadd mer mòò verdsehld, dasser midde Schnegge e Verdraach gemach hadd: Allgebodd blansd der e Driddel meh Sallaad fier die Schnegge. Nuur dass sisch die glääne Bieschder nidd aan die Abmachung halle! Die fresse naachds raddsebudds wie die Weldmeischder ab, wasser am Daach devòòr geblansd hadd. „Geh fott!“, kammer dòò nuur saan!

Es gebbd uff der anner Seid awwer aach Weibsleid, die hann aam Gaarde de Narre gefress. Eewisch und drei Daa hubbse se dswische de Erdbeere unn de Kohlkäbb erum unn finne middem Gaarde kää Enn. Isch hann jò niggs aam Gaarde. Awwer Meins iss wie verriggd denòò, es find soggaar die Aarwed im Gaarde, wo isch se noch niddemò suuche gääd. Unn wann de als Mann dò nidd midhallschd, bischde ball abgemell. Dò kammer mò siehn, wie weids kumme kann. So e paar Beede mid Griendseisch unn schwubbdiwubb bischde dei Fraa loss! Glaab mers! Dò bischde im Nullkommaniggs geschied. Unn alles nuur weesche em Gaarde! Dòòdefier gehn die meischde Mannsleid aach mid der Fraa in de Gaarde. Danne hannse die Sach unner Kondroll.

Es gebbd naddierlisch aa Leid im Saarland, die wo kä Gaarde hann. Dòòdefier hannse awwer e Balgoon, wo in Käschde graad genauso geblansd gebbd, wie wannde fuchdsehn Gwaddraadmeeder Beede häddschd. De halwe Balgoon unn die Finschderbangg schdehn dsuu mid Dibbe unn Dibbscher. Dò bleibd noch niddemò Bladds, fier de Liejeschduhl ins Freie se schdelle.
So rischdische saarlännische Gärdner hann aa im Gaarde all Fissemaddende. Dò gebbds e Wasserfass drin unn e glääänes Gewäggsheisje, e Komboschder unn e Schubbe fier die ganse Gerääde unn so Dseisch, wo mer gemäänerhann breischd, dass de Gaarde aa orjendlisch in Schuss bleibd. Unn irjendwo im Gaarde iss aa die Bangg unn de Schwengger uffgebaud, dass mer mò so rischdisch ääner druffmache kann, wammer gudd geschaffd hadd. Isch hann schunn Leid gesiehn, die hann ringserum um de Gaarde fuchdsisch Meeder Lischderkedde uffgehong, dass de haschd menne känne, Weihnachde, die Faasend, es Summerfeschd unn de Erndedangg gääde uff ääner Daach falle.

Bleibd ääm nuur noch de alde saarlännische Gaardeschbruch, wo mer allgebodd heere kann: „Mei Gaarde iss mei beschd Schdigg!“ Das derf awwer die Mamme nidd heere! Sunschd mennd se aam Enn noch, se wäär abgemelld. Unn das iss jò werglisch nidd so! Niwwòhr!

Gudd geschnaagsd!

Leddschdens hadd de Jubb gefròòd: „Gäädsche nidd aa mò gäär in die Bersche middfahre fier dòò mò e bissje se wannere?“ Dò hann isch ohne dse iwwerleeje äänfach jòò gesaad. Wäär graaweld nidd mò gäär uff e Dreidausender ruff, fier in die Weld dse gugge. Das muss mer jò mò erlääbd hann unn foddegrafiere kammer so ebbes jò aach, dass mer mò dseische kann, was mer fiere Kerl iss. Kää Auebligg hann isch driwwer nòògedenggd, wieso mer sisch in meim Alder noch so ebbes aanduun missd. Mier hann äänfach de Ruggsagg gepaggd unn sinn loss in die Bersche gefahr, hann Gwaddier gemach fier e paar Daach in rer Hidd vum Albeverein, wo mer in eme Dsimmer mid seggs Bedder schlòòfd, wasses heid in kääner Juuchendherbersch meh genn gääd.

Isch hann eischendlisch dò schun käämeh gudd Gefiehl gehadd, awwer uffem Bersch kannschde nidd e Luggsusshodell erwaade, dò gehd alles e bissje weenischer piggfein dsuu.
Alles iss jò gudd gewään, wann mer nidd iwwer Naachd geblieb wääre. Das muschde dier mò vòrschdelle: All schlòòfe, nuur duu nidd, weil all annere wääs Godd was fier Grach mache. Isch hann dòò gelää unn die annere hann geschnaagsd, als gääd e Rodd vun wilde Wuddse iwwer all Bedd-Dsibbele gedrieb. Dò drähd mer sisch riwwer unn niwwer, kummd awwer middem Schlòòf nidd aan.

Isch hann denne ään geriddeld unn geschiddeld. Muschd nidd menne, dass der uffgeheerd hadd. Gans im Geeschedääl: Der iss fresch genn wie Rodds, hadd gesaad, dass isch em sei Ruh lasse solld, hadd sisch rumgedrähd unn dswei Minudde schbäder hadder widder gesääd, wie wann däär de halwe Waarndwald wolld niddermache.

Isch hann mid meine Schlabbe geschmiss, dò hadd ääner vun de Kammeraade geruuf, wannisch jeddse kää Ruh gääb genn, danne gääder de Hiddewird ruufe. Muschd noch aan disch halle, dass de nidd fresch gebbschd! Jeedefalls waar das e Naachd, die isch mei Lääbdaach nidd vergess. Unn de näggschde Mòòrje waar isch so gabbudd, als hädd isch e Dobbelschischd gefahr. Muschd awwer nidd glaawe, dass die annere sisch endschullischd hädde. Wohäär danne? Die hann allgebodd nur erum gemoddsd, was isch die Naachd iwwer so e Teaader gemach hädd unn all im Schlòòf geschdeerd hädd. Ei das wäär doch dsem Dunnerliddsche, wammer de Daach iwwer sisch abschdrawweld unn änner die gans Naachd erum fuhrwergd wie de Mann im Kalgoowe. Unn iwwerhaubd hädd isch geschnaagsd wie dsehn Holsfäller gleichdseidisch.

Dò hann isch nidd meh vill saan känne, nur dass isch die näggschd Tuur, wann isch jeemòòls nochemòò midfahre gääd, e Bandgerääd debei hädd, fier dò mò feschdsehalle wer wenne schdeerd in der Naachd. Allgebodd saad mer jò: Wann de schnaagschd, danne schlòòfschde ball elään. Bei mier waar das awwer gans annerschd erum gewään. Isch wäär gans gääre elään gewään! Iss doch wòhr!

Schbaddsiergang im Newwel

Eischendlisch hädd mer jò menne känne, dass de Newwel jeddse mò e Dseidlang verbei iss, wanns Friejòhr kummd unn die Sunn mò de ganse Newwel verdreiwe duud. Glaabs nidd! Wie isch leddschd Wuch de Òòmend in Saarbrigge iwwer de Sanggehanner Maargd schbaddsierd bin, fier e bissje aan der frisch Lufd se sinn, dò haschde beinäggschd gemennd, irjend soe Widdsbold gääd midder Newwelmaschien erumlaafe unn alles vernewwele. So hadd das allewei gedämbd!

In der Kabbegass, in der Kaldebachschdròòs, in der Fräschegass, soggaar hinnerm Schdiwwel – iwwerall hadds ausgesiehn, als gääde Newwelschwaade dursch die Schdròòse schleische. Dò iss de Raach uffgeschdieh, dass mer beinäggschd nò der Feierwehr geruufd hadd, weil sisch veleischd irjendwo so e Schweelbrand in der Schdròòs verdähld. So ebbes gehd jò gans figgs unn gebbd danne e rischdisches Feier. Awwer die Feierwehr hädd bei sorem Innsadds kää Frääd gehadd, weil se in die Gässjer um de Maargdbrunne gaanidd eninnkumm wäär, so e Bedrieb is dord gewään.

Vòr lauder Leid bischde näämlisch beinäggschd nidd durschkumm. Iwwerall hann se geschdann, jeeder midd ner Newwelkeerds dswische de Griffle unn hadd orjendlisch Damb gemach. Das hadd geroch, wie wann die Dsigeredde-Innung ihr Jahreshaubdversammlung in die Saarbrigger Aldschdadd verlehd gehadd hädd. Dò haschde die Maalbero graad so geroch wie wie die Haabee unn de Lord-Eggsdra unn was wääs isch, wie die ganse annere Glimmschdängele noch heische, wo mer sisch iwwer die Lung schiebd. Hie unn dò iss noch e Peif dedswische kumm odder e gudd Dsiggersche. Wannde noch kää Raacher gewään bischd, denne Òòmend dò häddsche ääner werre kinne. Dò hannse uff der Schdròòs geflubbd wie die Weldmääschder, weil se nimmeh in de Loggaale raache dirfe. Unn schbääder in der Gass – e Debbisch midd lauder Kibbe vòr de Loggaale, dass de häddschd menne känne, all Wirdsleid hädde die

Äschebescher uff die Schdròòs gekibbd.

Eischendlisch wolld mer jò middem Gesedds die Leid vum Raache abhalle! Unn jeddse das dò! So kanns kumme! Jeddse hann die Leid ihr Schbass uff der Gass! Unn in de Loggaale iss alles läär unn kää Mensch! Jò, abbendsuu iss ääner mò ninngang unn hadd e nei Glas Bier geholl, danne awwer widder hurrdisch uff die Schdròòs unn weidergepaffd, wie wanns um was gehn gääd. Isch menn jò manschmò, die mache das eggdra unn wolle de Leid mò dseie, dass mer sisch so mierniggsdierniggs nidd unnergrien lassd.

Dsem Schluss simmer danne in e Wirdschafd, weil dò jò nimmeh geraachd derf genn. Unn die hann die Findschder dsuu gelass, weil nidd dass noch der ganse Raach in die Wirdschafd rindsiehd, worer jò rausbleiwe solld. Das wäär jò dsem Dunnerliddsche gewään, wann se das Gesedds fier die Kadds gemach hädde. Jeddse iss die gudd Lufd innewensisch unn geraachd gebbd drause. Fròò nidd, was mer dòdevun halle soll!

Saa, was de willschd!

„Saas doch!“ hadder gesaad. Was mer saan will, muss mer saan! Es muss äänfach gesaad genn. Was mer will, muss mer saan. Was mer saad, muss mer wolle. Wann mers saad, isses schunn halb gemach. Es gebbd gesaad, was mer saan muss, unn es gebbd gemach, was gemach genn muss! Will mer ebbes saan, muss mer ebbes saan, will mer ebbes mache, muss mer ebbes mache! Eischendlisch muss mer nur wolle, danne kann mer aach mache. Wer saad, er will unn kann nidd, der kann nidd, weil er nidd will. Odder ääner saad, dasser will, will awwer nidd, was er saad. „Mach nur!“ saad mer, wann mer ääner nur mache lasse will. Wer saad, was er will, will, was er saad! Saa nur, ob de willschd, danne machschde, was de saaschd!

Saa, wie de willschd! Saa, was de willschd! Saa, wann de willschd! Saa, ob de iwwerhaubd willschd! Wer will, musses saan. Mer muss nur wolle, wann mer ebbes will. Nur dse saan, was mer will, machd noch niggs, mer muss aach mache, was mer will! Will mer, was mer saad, will mer was mer kann, kann mer, wann mer will, machd mer, was mer kann?

Gudd gesaad iss halb gemach, gudd gewolld, iss halb gesaad! Will mer ebbes saan, wo mer denòò niggs meh saan kann? Isch kann der saan, was mer gäär saad. Isch kann der saan, was mer gäär saan gääd. Saan se, was se wolle, wann se wolle, was se saan! Wer will saan, was mer saan soll? Wer soll saan, was mer saan will? Wer kann saan, was mer saan will? Wer soll saan, was mer saan soll? Känndschde saan, was de willschd? Willschde saan, was de kannschd? Sollschde saan, was de kannschd? Kannschde saan, was de sollschd? Wann ääner saan kann, was er will, danne kanner aach wolle, was er saad! Saa immer, was de willschd, nur will immer, was de saaschd! Will mer saan, was mer kann? Kann mer saan, was mer will? Kann mer wolle, was mer saad?

„Mach, was de willschd!“ hadd se gesaad, wie isch gesaad hann, dass isch mache, was isch will. Wer will, kann! Wer kann, machd! Wer machd, will! Mach, was de willschd! Mach, wie de willschd! Mach, wann de willschd! Wer mache will, kann mache! Wer mache kann, kann wolle! Wer wolle kann, kann mache. „Saa, was de willschd!“ haddse gesaad, wie isch gesaad hann, dass isch saan, was isch will.

„Will doch, was de willschd!“ haddse gesaad, wie isch gesaad hann: „Wann isch will, will isch!“ Gudd gewolld, iss nidd immer schunn so gudd wie gemach! Gudd gesaad, iss nidd immer gudd gemach! Gudd gemach, iss nidd immer gudd gewolld! Wer will, kann mache! Wer machd, muss wolle! Wer will, kann saan, was er will, wanner will, was er saad.

Isch will mò saan, dass mer nidd alles kann, was mer so saad, unn dass mer nidd alles saad, was mer kann. Wers kann, musses aach mache! Dò machschde besser niggs, sunschd muschde mache, was de kannschd. Wer saad, was er will, kann saan, was er will! Wer will, was er saad, kann wolle, was er will! Wer will, was er will, kann saan, was er saad! Mer saad nur, was mer saad! Mer will nur, was mer will! Mer kann nur, was mer kann!

Kann mer saan, was mer will? Kann mer wolle, was mer will? Kann mer kinne, was mer will? Gudd gesaad, is halb gewolld! Gudd gewolld, is halb gemach! Mier saan, was mer saan! Mier kinne, was mier saan! Mier wolle, was mier saan! Mier wolle saan, was mier kinne! Mier wolle saan, was mier saan wolle! Mier wolle saan, was mier saan! Wer saad schunn, was er will? Saa, was de willschd! Was soll mer dò noch saan? Dò saaschde gaaniggs meh!

Schleschd gelòò!

Grien isch doch gischder e Brief in de Kaschde ninn, wo mer e Fraa schreibd, ei das wär doch dsem Dunnerliddsche, dass isch dreidausend unn noch e paar Gebloddsde gewunn hädd unn mer hädd mer noch immer nidd mei Geld gebb. Das gääd jò wirglisch nidd gehn, wo isch die Kolle doch schunn lang gewunn gehadd hädd. Isch war eischendlisch baff gewään, weil isch jò allgebodd gaar nidd middgridd hann, was dò fier misch parraad leit, unn aach gaar nidd gewuschd hann, dass isch dòòdruff noch waade. Unn danne hannse mer aa noch geschrieb, dass se mer das Geld jeddse endlisch mòò genn wollde, wo mer jò eischendlisch längschd dsuuschdehn dääd. Awwer e Haage hadds danne doch genn: Isch breischd nuur annem Moondaa im Nowwember um 6.30 Uhr aan die Busshaldeschdell se kumme unn danne gääde mer middem Buss sem Verwaldungsbirro gefahr genn.

„Es iss jò schunn e bissje frieh, awwer wanns Geld räänd, muss mer de Sagg uffhalle.“, hann isch dse Meinem gesaad. Danne hannse mer noch verschbroch, in sorem Reschderang ebbes esse dse gehen, unn alles fier niggs. Unn danne gääds aa noch e Fressbaggeedsche midder Flasch Schambanjer genn unn e ganse Gans, aa noch Wildlaggs unn Kaawiaar unn Driffel unn noch e Rehrigge unn noch dswei Hummere unn dswei Langguschde.

„Jò iss danne schunn Weihnaachde?“, hadd mei Fraa gesaad, „wann dass alles so schdimme gääd, breischde mer fier die Weihnaachde unn de Silweschder niggs meh insekaafe.“ Awwer dann isses kumm: Es gääd aa noch koschdelos e Nussschingke genn unn e Schinggemesser unn e Flasch Schnabbs. Unn wammer als Päärsche käämd, gääds alles dobbeld genn. Unn hinnedruff danne noch e Sadds Schrauweschlissel fier die Männer unn e Diääd-Kochbuch fier die Weibsleid. „Kannschd mòò siehn, was die vun dier halle!“, hann isch dse Meinem gesaad. „Die wisse, dassde widder e Punnd dsuugelehd haschd.“

„Dreidausendsweihunnerd iss jò besser als wie niggs!“, hann isch dsu Meinem gesaad. Awwer wie mier danne das Schreiwes e bissje genauer gelääs hann, dòò hadd dò geschdann, dass das Geld nidd diregd fier misch sinn missd, weil isch jò nuur e meeschlischer Gewinner wäär. Unn bei demm ganse Fischdseisch fier die Weihnaachd hadd aa nidd geschdann, was das koschd, weil isch kann mer nidd vòrschdelle, dass die das so hann dsem Verschengge. Dò hann isch aan die Fraa serigg geschrieb, so solld sisch das ganse Fresspaggeed schbaare unn se kännd mer jò es Geld uff mei Kondo iwwerweise. Isch hann noch die Kondonummer druff geschrieb unn bleib dehemm. De Loddo schiggd mer jò es Geld aach uffs Kondo, wann mer was gewunn hadd. Das iss doch die äänfachschd Sach vun der Weld. Was muss mer dò die ganse Schberrensjer mache? Isch kann der nuur saan: Wann de dò hinfahrschd, wolle se der nuur es Geld aus der Dasch dsieje unn die Naas haschde fier niggs geschbiddsd.

Dòòdemid hannisch aweile der Fraa, die wo mer geschrieb hadd, die gans Tuur vermasselt. Das hadd se jeddse mòò devun, wammer so duud, als kännde annere Leidnidd bis drei dsehle.

Gudd geschwäddsd!

Hadd mer so ebbes schunn emòò geheerd: Dò wolld ääner beim Gerischd feschdschdelle lasse, dass es hochdeidsche Word „Dummschwätzer“ e Beleidischunng wäär unn dass mer so ebbes dsu ääm nidd saan derf. Was soll mer danne dò noch saan? Uffs Gerischd laafe, dass mer äänem die Schniss verbied! Dò fähle mier die Worde! Isch menn, es ruddschd ääm doch mò das ään odder anner Word so raus unn danne isses gesaad unn mer kanns jò aach schwäär seriggholle. Veleischd saad mer „Tschuldigung“ unn mennd danne hinnerum, dasses doch gaanidd falsch waar, wies rauskumm iss. Dò wääs der anner doch weenischdens, woorer draan iss!

De beschd gääd mer jò uff Bladd saan, was mer ääm schunn immer mò saan wolld, weil Hochdeidsch känne die Leid jò nur schwäär verschdehn. Se sinn danne gleisch beleidischd, ärjere sisch gabudd unn laafe uffs Gerischd. Unn alles fier niggs unn widder niggs! Fier was schwäddse die Leid nidd so, wie ne de Schnawwel gewaggs iss?

Wann ääner e rischdischer Dummschwäddser iss, muss mer das jò nidd uff Hochdeidsch saan. Am Enn isser noch grääds isch unn drähd dursch. Mer kann doch gans äänfach uff Bladd „Fòòdser“ dsuu demm saan unn kä ääner reeschd sisch driwwer uff. Jeeder wääs awwer aach, wies gemennd iss! De beschd saad mers gans deidlisch, veleischd mid „Dummfòòdser“, dasser aach genau wääs, wies gemennd iss! Wann mer dsuu äänem Dummniggel, Fòòdsbagge, Dummbraddler odder Diggschniss saad, danne iss das eischendlisch kä Beleidischunng.

E bissje schdärger iss ehrer schunn Dolldabbes, Draanfunsel, Dreggaarsch, Dreggwudds, Dreggschniss, Dreggskerl odder Dreggsau. Aach wann mer dsuu äänem Haawebraddler, Gwasselschdribb, Räddschbaas unn was wääs isch noch saad, danne wääs isch nidd, ob e Gerischd, wo se jò allgebodd nur Hochdeidsch schwäddse, iwwerhaubd verschdehd, was dòòdemid gemennd iss. Iss dass wirglisch e Beleidischung? So schwäddse mier doch jeeder Daach! Mer kännd segaar saan: So Wärder sinn e bissje ebbes, was de annere eschdammierd.

Kann also gudd meeschlisch sinn, dass de Rischder gaanidd wääs, was so Ausdrigg bedeide wie Bruljemacher, Galjeschdrigg, Baubser, Wibbschesmacher, Kladdschbaas, Dorfschell, Räddschweib, Schdrunser, Schnadderliesje, Schnerr, Jammerlabbe, Grammeddschler, Dorfbääsem, Gwaddschkobb, Gwassler, Gweerdreiwer, Haardsgräämer, Massigg, Schluuri odder Doofkobb. Dò iss doch alles glaar, was mer vun ääm halld, ohne dass mer ne noch uff Hochdeidsch groos beleidische muss!

Wann ääner danne de Beleidischde schbilld, nur weilem ääns vun denne Wärder nidd passd, danne iss eh jeed Word fier denne dse schaad. Gugg ne de beschd gaanidd aan! Das iss die greeschd Schdròòf, die wo mer fier ääner finne kann. Lass ne linggs leie unn saa gaaniggs dsem. Dò wird däär Aue mache unn iss jeddse mò rischdisch beleidischd!

Wo find mer die Heimat?

„Mensch, ick häng‘ an meiner Heimat jenau wie du! Jenau wie jeder! Aber erst sollen mier mal drin leben lassen in de Heimat... Wo is denn de Heimat?“ So fròòd de Haubdmann vun Köbbnigg in seim Berliner Bladd, wierer mò widder ausgewies genn iss. Kennd mer sei Heimaad wirglisch?

Die ääne saan: Geh mer furd mid demm alde Schmuus vun der Heimaad unn so! Mier kuddschiere dursch die Weldgeschischd, dò wisse mer, wo mer sinn unn die Heimaad, die gehd uns am Aarsch verbei! Annere, wo de dòòdenòò fròòschd, fänge aan se druggse. Kääner wääs so rischdisch, wo die Heimaad wirglisch iss. Mennd mer demid es Land odder nuur de Ord unn die Schdròòs, wo mer wohnd?

Es gebbd Leid, die saan, dass die Heimaad graad dord iss, woos der gudd gehd! Awwer danne hädd mer jò meh Heimaade wie ään! In de Feerje gehds ääm aach in Mallorga gudd unn droddsdem...
Kääner wääs, wo mer die Heimaad gans genau se pagge gridd? Finnd mer se in der Kisch, wanns nòò Bròòdgrumbere rieschd mid Schbegg unn so? Manschmò denggd mer, dass die Heimaad dord iss, wo mer lääbd bei der Famill, bei der Fraa unn de Kinner, ääwe graad, was bei ääm gans näggschd lääbd. Meeschlisch, dass die Heimaad es Heisje mid de Dsimmere iss? Kännd sinn aach, dass mer se im eischne Därfsche finne kann gans weid weg vum Druuwel – ääwe graad dord, wo mer jeeder kennd unn allemò äschdemierd gebbd. Meeschlisch, dass se genau hinnerm Haus im Gaarde schdeggd, wo mer de Òòmend uff der Terrass huggd unn Läscher in de Himmel guggd.

Fier misch iss Heimaad aach die Schbròòch, graad so wie ääm de Schnawwel gewaggs iss.
Heimaad kännd jò soggaar im Raadjò sinn, wann se dòò nidd so vill ammrregaanisch Mussigg mache unn allgebodd vun wääs Godd

was schwäddse, awwer nuur noch ab en dsuu e bissje iwwer das, was der bei uns bassierd.

Geheere die Hidd unn die Gruub noch dser Heimaad odder sinn die schunn abgeschrieb? Iss die Saarschleif unser Heimaad graad wie de Boosdaalsee? Kännd jò sinn, dass die Ludwischskersch e Schdigg Heimaad iss odder irjendääns vun denne glääne Kabbellscher im Land, de Sangehanner Margd genauso wie e gans alder Brunne innem Därfsche, wo nuur die Leid vun dord kenne unn sunschd kääner. Ob die Heh vun Schbischere jowwe aach e Schdiggelsche Heimaad iss, selbschd wann das jò schun jiwwe in Loddringe leid? Heimaad kann so vill sinn unn mer schbierd eischendlisch eerschd, was ääm die Heimaad se saan hadd, wann mer weid wegg iss devun. Dò gridd mer Hemmweh unn guggd, wie mer gans figgs widder reduur kummd.

Iss Heimaad veleischd nuur die Erinnerung, die Gedangge, was mer mòò dief innewensisch verschdobbeld hadd? „Beim Nòòdengge find mer kää End!“ saad de Kraus Heiner, wannde denne nòò der Heimaad fròòschd. Der missd das jò eischendlisch wisse, weiler schunn vill driwwer geschrieb hadd.
„Heimaad – dò isses e bissje wärmer wie sunschdwo.“ Das hadd mer mei Dochder gesaad. Veleischd isses nuur e Gefiehl vun der Heimaad, weils ääm so rischdisch gudd gehd wie sunschd nirjends als wie nuur bei sisch dehemm!

Saarlänner

Mer sinn wie mer sinn unn wie mer sinn so simmer! So hadd das schun de Lorang gesung. Saarlänner sinn mòò so unn mòò so! Awwer immer rischdraus unn nidd verkehrd. Die ääne saan jò, dass die Saarlänner eewisch unn drei Daach de liewe Godd e gudder Mann sinn lasse. Mier wisse wo mier hingeheere unn mache kä Fissemaddendscher meh.

Bei uns gebbd geläähd nò da eischne Fassong, mòò die ääne gewähld unn danne die annere, mòò in die Kirsch gang unn aach mòò widder nidd. Lääwe unn lääwe lasse, jeeder wierer will! Midem Nochber geschwäddsd, dass mer kä Grach midem gridd. Jeeder Daach in da Dseidung gelääs, was bassierd iss, unn sisch danne de Daach iwwer uffgereeschd, dass so ebbes bassierd iss. Wann awwer niggs bassierd iss, sisch genauso driwwer uffgereeschd, dass niggs bassierd, wo doch ebbes hädd bassiere känne.

Daachsiwwer geschaffd uff der Aarwed, awwer nidd nuur dò, aach nò der Aarwed, unn danne geschull, dass mer jòò allgebodd ebbes dse duun hadd, aach wann kä Aarwed dò iss. Schdännisch aam Heisje geschaffd unn als unn immer widder debei, dòò noch ebbes annersch dse mache, wanns noch nidd hunnerdbrodsendisch iss. Beinäggschd es Heisje dswäämòò gebaud, wammer all das Umbaue unn Aanbaue reschned. Unn nie ferdisch genn, weil nie alles gans in Reih iss.

Mid der Famill gefeierd, wann ebbes dse feire gewään iss. Unn wanns niggs dse feire gebbd, ebbes erfunn, was mer feire kännd, nuur dass ebbes los iss, fier dass mer mòò widder dsesamme huggd. Mid Bolledigg niggs im Sinn, awwer in der Wirdschafd die Weld verdähld unn allewei driwwer geschwäddsd unn dischbedierd, wasse in Berlien so mache. Uff de Osgaar schdols gewään, unn uff de Osgaar geschull, unn danne widder schdols gewään, wie annere iwwer des Osgaar geschull hann. De Miller Pidd in de Himmel gehoob unn danne mòò widder serigg geholl, awwer nie gans falle gelass. Jeddse beim Annegreed genauso, aach wann das jò e Weibsbild iss. Veleischd machd se es Grose unn Ganse jò wirglisch besser wie die Mannsleit, wääs mers? Die Hoffnung nie uffgebb, dass es doch noch ebbes genn kännd aam Enn.

Allemòò e bissje Hochdeitsch geschwäddsd, dass mer merggd, dass mier das aach känne. Franseesisch geschwäddsd, wann mòò änner vun jiwwe dehäär kummd, nuur fier dse dseie, dass mer die Fransoosedseid aach mòò midgemach hadd. Danne vun sellemòòls verdsehld, wie se geesche de Johoo gewään sinn unn dass däär jò doch nidd grad so schleschd gewään iss, wie se immer gesaad hann. Dòdebei danne awwer sisch in Raasch gebrung iwwer die Dseide dòòmòòls unn heidsedaachs.

Ab en dsuu e bissje driwwer simmelierd, was wäär, wanns Saarland fier sisch geblieb wäär unn dasses danne veleischd aach nidd o schleschd gehn gääd, weil mer midde Fransoose die Adoom-Raggeede hädde. Unn veleischd wääre mer so e glään LasWeegass genn mid all denne Schbielkassienos, graad so wie Luggseburssch odder Monnaggo. Awwer das ään odder anner Schbielkassieno hammer aach so gridd unn die fluddsche, ohne dass mer aam Enn noch monnaggisch genn sinn.

Kunschd fier Koschdniggs!

Meischdens isses jò so, dass die Kunschd ebbes koschd. Mer saad jò nidd fier niggs: „Was niggs koschd, iss niggs!“ Allgebòdd menne awwer die Leid,wammers genau holld, dass die Kunschd immer e bissje dse deier wär. Muschd nuur mòò in soo e Gallerie ringehn unn uff die Breisschildscher gugge. De bischd schneller ausem Laade raus wie de ringang bischd! Unn gehschde mò uff die Mussigg inne Deaader rin odder willschd mò irjendso eme Fraddsemacher dsuugugge! Glaab nidd, dass de dòò die Kaard hinnerhäär geworf grischd. Dòòdefier saad mei Fraa, dass mer aa mòò der Kunschd e Schnibbsche schlaan muss, wann mer so e paar rischdische Schnäbbscher machd. Das iss awwer widder e Kunschd fier sisch. Mier gehn dòòdefier immer nò der Kunschd gugge, wann se fier Koschdniggs gemach gebbd.

Mer glaabs jò nidd: Dò gebbds so Kinschdler, die singe in der Hall fier fuchdsehn Eiro unn uffem Margdbladds im Summer fier niggs. Dò kanndschde noch drei Bier dringge unn kummschd immer noch billischer wegg wie wannde im Winder bei so ääm dsem Dsuuheere in die Hall gehschd. Unn dòdebei iss jò noch verbodd, es Bier mid in die Hall dse holle. De Sunndaamòòrje gehn mier ans Saarbrigger Schloss, dass mer das aa mòò widder gesiehn hann. Was soll isch der saan: Dò hugge mier gans vòòre in der eerschd Reih, dass mer aa bei der Kunschd gans näägschd sinn, wann so e Kabbell fier niggs schbilld unn ohne Geld.

Wann mer wolle, kännd mer danne aa noch ins Musseeumm laafe. Dò muss mer nuur lääse, wann der Indridd fier Koschdniggs iss. Meischdens gebbds das, wann all Leid schun dringewään sinn unn se wolle, dass se noch de wääs isch wivvillde Besuucher in die Dseidung schreiwe kinne. Wannde danne noch Gligg haschd, gridd dei Fraa e Bluumeschdraus unn du dòòdedsuu e Jòhreskaard, wo de danne jeeder Sunndach ins Musseeumm gehn kannschd, weil ner de dsehndausendschd Besuucher gewään sinn. Dò kannschde iwwer de Winder fier niggs die ganse Kunschd gugge.

Allgebòdd fange mier de Freidaa schummò beim Scheer seiner Firma aan, wo de Broffesser danne mid seim Saggsefoon blòòsd, dass die ganse Wiere vòòr Schregg wie vun selwerd aus de Kombjuudere verschwinne. Wann de Scheer nidd schbilld, weiler veleischd mò kä Luschd hadd, gehn mer dser Hidd nòò Välglinge, danne nòò Sulsbach unn hinnerhäär noch uff irjendään Schdaddfeschd in Dillinge. Drei Feschdscher fier niggs, wo de gemäänerhann so um die fuchdsisch Eiro Indridd bedsahld häddschd, wanns nidd umsunschd gewään wäär. Mer dringgd dann ebbes, holld sisch danne noch e Rooschdwurschd. Leddschdends war isch uffem Feschd vunrer Bardei. Dò hadds soggaar nääwe der Kunschd noch dse Dringge unn Esse fier niggs gebb. De bischd baff, wo de die Kunschd iwwerall schnabbe kannschd. Was mier iwwer de Winder bei der Kunschd dse vill ausgenn, gebbd bei uns iwwer de Summer ingeschbaard. Kannschd mer glaawe: Iwwers Jòhr isses Kunschd-Kondo ausgeglisch unn widder in Reih.

Niggs wie Biller...

Leddschdens iss Meins mid mer inner Billerausschdellung gewään. Isch wolld dò jò eischendlisch gaarnidd hin, awwer ääs hadd gesaad, dass mer so ebbes aa mò siehn missd. Nidd dass mer nòòhäär nidd midschwäddse kännd. Unn iwwerhaubd hädd dò ääner gemòòld, wo schunn was wääs isch wievill Mòò in der Dseidung geschdann hadd.

Jesses, is dò e Haufe Leid gewään – meh wie genuch unn alles Schduddierde, die wo aach wisse, wie mer iwwer so Biller schwäddse kann. Segaar die Dseidung iss dòògewään, dass aach nòòhäär widder ebbes iwwer die Ausschdellung se lääse iss unn so. Mier waar dass jò alles nidd gans juschd gewään. Awwer manschmòò machschde ääwe so Dinges, wo de nòòhäär saaschd, dass de besser die Finger furdgelass häddschd.

Eerschd hadd mer mò e Dseddel gridd, dass mer aach gewissd hadd, wie die Biller heische unn was ääns koschd, wammer dò ääns wolld kaafe. Mei liewer Scholli, das waare Breise! Dò bischde beinäggschd riggwärds gang; mier iss gans schwummerisch genn, wie isch mer die Dsahle bedrachd hann. Awwer Kulduur muss jò aach bedsahld genn, die gridd mer nidd fier niggs. Dò soll mer sisch jò nidd lumbe lasse.

Isch binn vun ääm Bild dsem annere gelaaf unn bin midde Aue iwwer die Biller schbaddsierd, dass mer die Kuldur aach so gans näggschd midgridd hadd. Kannschd mer glaawe, so ebbes hannisch im Lääwe noch nie gesiehn gehadd: „Gääli Fraa vòòr gääler Landschafd in gäälem Rahme“ hadd ään Bild gehiesch. Dò muschde eerschd mò druff kumme! So ebbes se mòòle unn danne noch e Schildsche midder Finf unn drei Nuller denääwe se schreiwe.

Ääner iss aans Miggrefoon gang unn hadd danne iwwer de Mòòler ebbes gesaad. Däär hadd schunn Breise gridd fier das, was er gemòòld hadd, unn iss schunn in der gans Weldgeschischd erumgejuggeld. Wääs mer, ob däär dòòdebei aach sei Biller verkaaf hadd? Jeedefalls isser jeddse egsdra nòò Saarbrigge kumm, fier dòò mò die dò Ausschdellung se mache un mò dse dseie, was er kann. Unn dann iss aach noch gesaad genn, dass der Mòòler aach egsdra vun Furdsewenduura kumm wäär, weiler jò sei Biller eischendlisch jeeder Daach siehn kann unn dòòdefòòr eischendlisch nidd in die Ausschdellung gehn missd. Mer kännd aach middem schwäddse unn danne gääder ääm die Biller aach noch vergliggere.

Unn danne iss de Birjermäschder kumm unn hadd nuur gesaad: „Die Ausstellung ist jetzt eröffnet!“ Isch hann als gewaard, was jeddse bassierd, awwer dò waar niggs gewään. Däär hadd veleischd nidd gewissd, dass mier all schunn vòòrhäär die Biller geguggd hann. „Jesses, das iss e Fähler gewään!“ hannisch dsu meiner Fraa gesaad. Unn dò hannisch so gemach, wie wenn isch die Biller graad jeddse dsem eerschde Mòò gääd siehn.

De glaabschd jò nidd, was die Leid alles uff denne Biller gesiehn hann. Isch hann mei Fraa gefròòd, ob isch veleischd dsem Dogder muss fier e nei Brill. Irjendwie hannisch äänfach nidd wolle bekäbbe, wo die Kunschd uff denne Biller se siehn gewään iss. Dò missd mer sisch jò mò selwerd aanschdrenge unn driwwer nòòdengge, hadd däär aam Miggro gesaad, dass mer de Sinn aach rischdisch find. Nidd dass mer aam Enn die Biller allgaar nidd verschdehn kännd. Isch hann mei Fraa aangeguggd, die hadd awwer aach midde Schullere gedsuggd. Kann sinn, dass mir dswei die äänsische gewään sinn, die wo kää Ahnung gehadd hann, was dò alles uff de Biller druff gewään iss, wammers rischdisch sidd.

Mier hann danne die Breddsele gess unn de Wein gedrungg, wo mer dòòdefòòr gridd hann, dass mer bis dsem Schluss geblieb sinn. Danne simmer widder gang unn waare froh, dass mer die Kulduur mò rischdisch unn gans näggschd gesiehn hann. Unn das iss jò aach wischdisch ab en dsuu, niwwòhr!

Schwäddse fier se schwäddse!

Schbròòche, räddsche, draadsche, schwadduddele, schwaddreniere odder äänfach ebbes saan - so heische all die ville Wärder, wo mer bei uns im Saarland fiers Schwäddse holld. Schwäddse iss jò ebbes, was mer im Saarland allgebodd gääre machd. Dò kammer sisch draanhalle wie de Narr aan de Kääs. Isch wääs jò nidd, wieso sisch de Narr aam Kääs draanhalld, awwer mer saad ääwe bei uns so unn danne lasse mer das mò so schdehn.

"Nidd dass mer driwwer schwäddsd, es iss jò nur, dass mers mò saad!" So odder so ähnlisch isses Moddo, wann ääner gäär ebbes saan will, demids aach jeeder middgridd. Ofd gebbd jò vill geschwäddsd unn so gudd wie gaarniggs gesaad. Mer saad ääwe gradd nuur desweeje ebbes, dass mer was gesaad hadd. Dòòdebei mergd mer jò gleisch, wann ebbes nur Geschwädds iss unn niggs iss dehinner. Danne saan die Leit: "Schwädds kä so dumm Dseisch!" odder es heischd: "Schwadduddel nidd erum!"

Awwer es gebbd aach Sidduadsjoone, wo ääner saad: "Saa mer niggs!" Unn dò will mer gaarniggs heere dòòdriwwer, was so geschwäddsd gebbd. Danne isses gans beschdimmd ebbes, was mer schunn lang wääs oder wo mer selwer debei nidd gudd weggkummd. Mer muss sisch jò nidd noch hinnerhäär driwwer ärjere.

Dsu de Kinner saad mer: "Schwädds allgebodd nur, wannde gefròòd gebbschd!" Das saan die Erwaggsene deswääe, weil die Kinner meischdens schwäddse, ohne dasse gefròòd genn sinn. Unn danne saan die Kinner aach noch es Falsche, selbschd wanns die Wòhrhääd iss. “Kinner unn Siffer saan die Wòhrhääd!” So heischd näämlisch es Schbrischword. Es gebbd awwer noch Leit, die wo die Wòhrhääd saan. Die heerd mer awwer nidd so gäär. “Braddele” saad mer, wann ääner nur dumm Dseisch schwäddsd. Meischdens genn so Leidaach “Dummbraddler” geruufd, weil mer denne nimmeh dsuuheere maan. Fòòdse saad mer, wann ääner dumm Dseisch schwäddsd, awwers eischendlisch besser wääs. So Leid genn aach gääre Fòòdsbagge, Fòòdstuud odder Fòòdskobb geruuf. Allgebodd saad mer danne: “Hall die Schniss, hall dei Schnawwel, wann de niggs dse saan haschd!” Dòòdriwwer hannisch mò e Mundaardtegsd geschrieb:

Alles geschwäddsd!

Die Mamme hadd gesaad:
“Haubdsach,
mer schwäddsd midnanner!”
De Onggel hadd gesaad:
“Jee meh, dass mer schwäddsd,
desde weenischer
grischde gesaad!”
Die Tande hadd gesaad:
“Wer vill schwäddsd,
hadd weenisch dse saan!”
De Vadder hadd gesaad:
“Schwädds allgebodd Hochdeidsch,
danne bringschdes dsu ebbes!”
Die Ooma hadd gesaad:
“Hochdeidsch kummd
ausem Kobb,
awwer Pladd kummd
ausem Herdsje!”

Denne muschde doch kenne!

Ledschdens hadd mer ääner gesaad, dasses dòò im Indernedd ebbes genn gääd, wo mer rinnschreiwe kännd, dass mer ääner kennd. Dòò muschde disch nur aanmelle unn danne schreiwe, wer de bischd. Also hann isch das danne aach gemach unn ningeschrieb, wie isch heische unn wer isch wär unn wo isch härkumme unn was isch so mache und wo isch uff der Schuul gewään binn unn all das, was mer so saad, wann mer ebbes iwwer sisch se saan hadd. De glaabschd jò nidd, was danne bassierd iss! Eh dass e Daach verbei gewään iss, hann isch jò meine Aue nidd gedraud, weil bei mier im Briefkaschde mid denne I-Määls e Haufe vun Briefe aankumm sinn.

De eerschd hann isch gemennd, das wäär lauder so Schbämm-Dregg, wo de naggische Weibsleid gugge sollschd odder es nòògemachde Viaggra se kaafe grischd. Wie isch danne awwer mò so rischdisch geguggd haan, waare das daadsäschlisch alles Leid, die wo mer hann geschrieb, dasse misch dääde kenne. Unn de wirschds nidd glaawe, isch hann vun denne aa e paar gekannd. Dòò ware Schuulerkammraade vun friejer drunner, die wo mer längschd vergess gehadd hadd unn danne die vun der Aarwed, wo mer friejer mò geschaffd hadd. Kannschd mer glaawe, das war mer gaanidd so rischdisch dse duun demidd, was fier Leid misch dòò noch kenne.

Es hadd jò aach denne ään odder annere genn, midd demm mer nidd so gudd auskumm iss, unn der hadd jeddse geschrieb, wie gudd der misch kennd. Unn dòò iss mer das doch so e bissje peinlisch genn. Es gebbd jò Leid, die will mer gaanidd so gudd kenne, aach wann mer se kennd! Es hadd misch allgebodd so e bissje gegrebbd, das ääner dòòdemidd noch gääd aangenn, dasser misch kennd, wo isch doch gaaniggs middem will se schaffe hann. Unn danne gääde annere noch wunnerschd dengge, dass de middem gudd Freind bischd, selbschd wann de ne gaanidd vergnuuse kannschd. Unn velleischd fròòd sisch danne noch der ään odder anner, wie de disch mid so äänem kannschd inlasse.

Unn dòò äärjerschde disch e glään bissje, dass de so ebbes iwwerhaubd aangefang haschd. Unn beinäggschd gääd mer de liebschd alles vum Kombjuuder runnerläsche, awwer das gehd jò danne aach widder nidd, weil de die Freinde nidd vòr de Kobb schdoose willschd.
Äämòò hann isch jò schunn versuchd, ob isch die Leid vum Schiffersch Glaudia odder vum Borris Begger kenne. Awwer die hann sisch dòò beim Kombjuuder noch nidd aangemell. Velleischd wolle die aach kääner kenne, weil mer se jò soowiesoo schunn kennd.
Mer kännd jò aa mò e Bolliddigger aanschreiwe, ob der ääne noch kennd. Unn wann nidd, danne gääd er misch mò bei der näggschd Wahl kenne lehre. Nur mò so gesaad! Ich menn: Eischendlisch kennd mer de beschd die Leid uff der Schdròòs. Dòò saan isch danne aach ab en dsu, dass isch ääner kenne, wo isch genau wääs, dass isch ne nidd kenne odder dsem Fregge nidd kenne will. Danne haschde weeneschens dei Ruh, unn kääner fròòd in äänem ford: „Ei wieso kennschd du denne nidd?“

Huggschde gudd?

„Gugg gehuggd iss besser als wie schleschd geschdann!“, saad mer mid eme bissje Gedswingger vun der linggs Aueglabb. Eischendlisch kammer iwwerall hugge, uffem Schduhl, innem Sessel, im Waardedsimmer was wääs isch wo odder in der Schdròòsebahn nòò Saarbrigge. Awwer bei uns im Saarland mennd mer, wammer vum „hugge“ schwäddsd, vill meh als wie nuur, dass mer „uff“ seim Hinnere odder „in“ ebbes huggd. „Huggschde gudd?“, fròòd mer ääner, wo dehemm scheins kää Bedder hadd unn eewisch unn drei Daach bis dief in die Naachd bei ääm rumhuggd, weil er als nidd hemmgehn will.
„Däär hadd ääner hugge!“, saad mer, wann ääner e bissje dse dief ins Glaas geguggd hadd. „Isch hann – wanns hooch kummd - Schdigger drei Kurdse unn siwwe Bierscher gedrungg unn es leddschde Glaas muss schleschd gewään sinn!“ So heerd sisch das danne alsmò aan, wann ääner ääne hugge hadd unn wills danne aach noch ergläära. Es kummd ääwe dòòdevun, dass mer bei uns an äänem Òòmend in ääner Schdunn siwwemò saad: „Dringge mer noch ääner!“ Nirschens gebbd im Saarland so vill gelòò wie mid demm Sadds. Dò wunnerd mer sisch hinnerhäär, wann mer die Hugg voll hadd. Gans annerschd isses, wammer die Hugg voll gridd. Danne gebbd mer vun ääm gedrasseld.

„Däär huggd mer im Gnigg!“, saad mer meischdens, wann ääner hinner ääm häär iss. Meischd gehds dòò um die Migge, die nidd schdimme odder es iss kurds devòòr, dasses Hisje kummd.
„Das Määde hadd sisch mòò gudd gehuggd!“ So ebbes heerd mer jò allemò unn immer widder, unn dòò mennd mer, dass e Määde e gudd Bardie gemach hadd. Kann sinn, dass „Seiner“ ebbes iss odder minneschdens vill Geld hadd. Mer saad awwer aach, dass e Määde hugge geblieb iss, wanns kää Kerl abgridd hadd, noch niddemò e schròher Massigg.

Hugge kann mer bei uns im Saarland iwwerall, soggaar uff der

Lerschesfluur. Naddierlisch menne Leid ausem Reisch, dò gääde danne die Väschel frehlisch peife unn das däär so e rischdisch scheenes Bläddsje. Glaabs nidd! Uff der Lerschesfluur hadd mer sisch graad nidd gudd gehuggd, weil mer so ebbes näämlisch saad, wann ääner im Kiddsche huggd. Unn der guggd, dasser so schnell wie meeschlisch nimmeh huggd.

„Kumm hugg disch doch mòò häär, danne schwäddse mer driwwer!" gebbd gesaad, wammer mid ääm ebbes dischbediere will. Unn wann ääner in der Schuulglass nidd midkummd, kanner dòò soggaar aach hugge bleiwe. Awwer das gebbds jò ball nimmeh, weil die vun Owwe gesaad hadd, dasses Huggebleiwe verbodd gebbd unn all misse verseddsd genn in die näggschd Glass. Wann ääner uff seinem Geld huggd, isser schnell als Geidsgraache verschrie. Däär gebbd niggs raus unn wääs noch immer nidd, dasses leddschde Hemd kää Dasche hadd.

Unn wann ääner e Naachrischd gridd, die ne umwerfd, saad mer meischd: „Hugg disch erschd mòò, wannde das im Schdehn erfahrschd, muschde disch sowieso hugge!" De beschd huggd mer sisch also immer erschd mòò hin unn danne siehd mer weider!

Was saad mer danne dòòdedsuu?

Wammer soo e Sadds heerd, dò wääs mer bei uns gleisch: Es iss ebbes bassierd, was nidd gans juschd gewään iss. Mer schdemmd die Hänn in die Seid unn iss erschd mò äänfach bladd! Alles hädd mer erwaard odder geglaabd, nuur so ebbes ääwe graad gaarnidd! Dò gehd ääm beinäggschd de Hudd hoch! Es gebbd ääwe niggs, wasses nidd gebbd! Unn wasses nidd gebbd, kanns jò aach nidd genn. Awwer mer wääs jò, dass die Weld jeeder Daach verriggder gebbd unn dò gebbds jò Dinger, die woos – wammers genau holld – nidd genn kann unn danne droddsdeem gebbd.

Kännd sinn, dass mer dswei beim Gnuudsche verwiddschd hadd, wo mer sei Lääbdaach nie draan gedenggd hädd, dass die iwwerhaubd dsenanner gääde basse unn ebbes midnanner kännde hann.

Meeschlisch aach, dass mer im Fernsehabberaad geluud hadd, wie dòò ääner mid seiner Nòòbersch erumdsänggd unn sisch beinäggschd verschlaad wie die Birschdebinner! Dò fròòd mer sisch, ob se noch gans figgs sinn, im Kaschde aach noch se dseie, wie sisch so Leid vòòr all annere verkimmele. Als missd mer aach noch filme, wann die Leid iwwernanner häärfalle! Kann sinn aach, dass mer gans äänfach nuur geheerd hadd, wo die Nòòbersch in Feerje hinfahrd unn mer kanns nidd glaawe, dasse middem Fluuchdseisch was wääs isch wo gewään sinn! Wo mer doch genau wääs, dass die es Brood nidd iwwer Naachd hann. Wie bedsahle die so Feerje, wannse sunschd erumlaafe wies Greedel im Herbschd?

Ei dò muss mer sisch doch uffreesche! Dò kann mer doch nidd ruisch hugge bleiwe unn so duun, wie wenn niggs bassierd wäär. „Was saad mer danne dòòdedsuu?“ Dò muss mer ebbes dedsuu saan, aach wann mer nur saad: „Mier fähle die Worde!“ Das iss jò danne aach schunn mò e Mähnung, wann mer äänfach nidd glaawe kann, was mer geheerd odder was mer gesiehn hadd. Isch saan immer dse Meinem: „Muschd disch nidd uffreesche. De Herrgodd find sei Leit. Die ääne frieher unn die annere schbääder. Unn bis uff die Grannaadische Insele odder nòò Furdsewenduura, wo die Nòòbersch hingeflòò iss, kummd däär schun lang - wanner will!“

Neidisch binn isch iwwerhaubd nidd. Vun mier aus kännd ääner im Loddo die Miljoon gewinne odder de Keiser vun Schiena sinn. Dò mach isch misch nidd verriggd. Eh dass mer sisch die Geisegischd aan de Hals ärjerd, eggaal iwwer was, bleib isch gans ruisch! Dò saan isch, was isch driwwer dengge unn ferdisch! Haubdsach mer isses lossgenn! Nidd dass mers noch aans Herds gridd odder woodraan sunschd noch! Unner uns gesaad!

Es kinnd noch schlimmer kumme!

Neilisch hann se mer de Schbieschel am Audo abgefahr. De selwe Daach hann isch e Gnelljes gridd. Unn das nuur, weil se denne Daach an der falsch Schdell gegnibbsd hann, wie isch mò graad dord verbeigefahr sinn. De Räänschirm hann isch in der Saarbahn bis nò Saargummines weiderfahre gelass unn middem Jubbe bin isch an der Dier vunnem Niggel seim Haaseschdall hängegeblieb. Alles iss denne Daach schief unn schebb gelaaf. Muss isch der noch saan, was Meins dehemm dòòdedsuu gesaad hadd? „De haschd noch Gligg gehadd, es hädd noch...!“

Wammer so aanfange, iwwers Besch dse schwäddse, kinne mer gleisch uffheere. Kannschde mer glaawe! Fier normaal kummd jò schunn das Ään odder Anner schlimm, wanns rischdisch schlimm kummd. Awwer Meins mennd ääwe danne immer hinnenòò, dass niggs so schlimm iss, dasses nidd noch schlimmer kumme kinnd. Dò fähle mier die Worde!

Gemäänerhann laafd nidd immer alles rischderaus. Dòò kännschde dann die Geisegischd grien odder sunschd noch ebbes. „Reesch disch nidd uff, dengg aan dei Herds!“ saad Meins immer, wanns beinäggschd so weid iss, dass ääm die Huddschnuur bladdsd, wie ebbes vergweer laafd. „Es hädd jò noch schlimmer...!“ So ebbes se saan unn dòdebei aach noch se gugge, wie wann mer niggs Beeses gesaad hädd. Das wääs doch jeeder, dasses immer noch e Schdeischerung gebbd fier ebbes, wass schunn schlimm genungg iss. Awwer nää, mer muss noch ebbes druffseddse, weil mer immer es ledschd Word behalle muss. Als kännd mer nidd saan: „So schlimm hädds eischendlisch nidd kumme misse!“

Isch hann dò – unner uns gesaad – so mei Erfahrunge. De willschd middem Audo in die Wergschdadd fier e glääner Eelweggsel. Kää groos Sach, nuur mò es Eel rauslaafe lasse unn Neijes nòschudde. Was soll isch der saan? Kaum dass de es Audo uff der Biehn haschd, grischde gesaad, wass noch alles gabudd iss. Es iss so e bissje wie beim Doggder: Eh dass de im Granggehaus inngeliwwerd bischd, finne se schun ebbes. Dò kannschde nur gugge, dass de figgs widder jaus kummschd. Wann dei Geldbeidel geglaud genn iss, hädd mer der aa dei Briefdasch glaue kinne. Wann e Gnobb am Jubbe abgehd, hädd aa de Reisverschluss am Ladds bladdse kinne! Odder alsemò beim Kaadschbille haschde immer die ään sellwe schleschde Kaarde. De Niggel, so dumm wie der iss, gridd immer die Asse unn du schlaaschd disch midd de Siwwener rum. So isses doch! Dass gehd jò, wammers rischdisch holld, nidd midd reschde Dinger dsuu. Awwer saa das mò, wass grischde danne gesaad: „Ei, es hädd noch schlimmer kumme kinne!“ Dò fròò isch misch, ob se all noch gans figgs sinn. Mier machd mer niggs vòr. Isch wääs: So schlimm wies kummd, isses aach. Unner uns gesaad!

Flasche lääre

Das muss dòòmòòls in der Fransoosedseid vum „Saargebiet“ gewään sinn, woo noch nääwens vun unserm Heisje e franseesisch Fammilje in em groose Gruuwehaus gewohnd hadd. De Musjee hadd uffer gudd Schdell bei der Gruub geschaffd, unn die Maddamm hadd e glääner Buub gehadd, denne se immer Schaggi geruuf hadd.

Äänes Daachs hadd misch de Musjee geruuf unn hadd dsuu mer gesaad, wann isch wolld, kinnd isch mer e paar Fränsjer verdiene, wann isch mid em Schaggi de Keller vun de Weinflasche lääre unn die mò im Hoof abwäsche unn sammele. Am Enn vun der Wuch kääm de Flaschehännler unn mier grääde fier jeedi Flasch dsehn Frangge. Das waar dòòmòòls vill Geld. Dsehn Frangge hadd schunn e Bällsche Eis koschd unn em Schaggi sei Vadder hadd vill lääre Flasche im Keller leie gehadd. Isch hann dsem Schaggi gesaad, das kännde mer gleisch mòòrje gudd mache unn de Musjee waar schdols, dass mier gleisch debei gewään sinn. Veleischd waars awwer aa so, weiler gedenggd hadd, dass mier danne nidd so vill uff seim Kirschebaam unn in seim Eerdbeerfeld bligge gääde.

Mier hann danne am näägschde Mòòrje aangefang, Kischde unn Kaschde mid lääre Flasche ausem Keller dse draan, unn inrer Bidd sinn die ganse Flasche gewäsch genn. Wie mier de Middach de Keller gereimd gehadd hann, dò hann mier genau dreihunnerdviereachdsisch lääre Flasche schdehn gehadd. Awwer wie de Schaggi unn isch danne gesiehn hann, wie nah mier aan der Vierhunnerd gewään sinn, hann isch gesaad, ei das wäär jò dsem Dunnerliddsche, wann mer nidd im Keller die paar Flasche uffdreiwe dääde. Mier sinn danne dursch de ganse Keller geschdreifd, awwer mier hann niggs gefunn, nuur e paar Reggaale voll mid Baddoowein, wo em Schaggi sei Mudder sowwieso schunn geschull hädd, dass de Musjee dse vill dringge dääd. Mier hann ääwe gedenggd, dass mer die Vierhunnerd uffem Hoof dann doch noch mid figgs ausgeläärde Baddoo-Flasche voll grien.

Wie de Musjee hemmkumm iss, hadder gleisch geroch, was dò in seim Keller in de Gulli geschudd genn iss. Dò hadder em Schaggi hinner die Läffele gebb, unn isch sinn noch gudd wegg kumm, weil de Musjee geschrie hadd, isch solld nuur mache, dass isch furdkumme.
Dehemm hadd mei Mudder gefròòd, was isch danne gridd hädd. Isch hann dò gesaad, es hädd niggs genn, awwer mier hädde die Vierhunnerd voll gemach. Dò hadd mei Mudder gesaad, so wääre se ääwe, die Fransoose, geidsisch wie sunschd noch ebbes. Dò hadd se mer fuchdsisch Frangge geschengd wääe meim gudde Herds. Das waar mer danne awwer eischendlisch aa nidd so reschd gewään, isch hann awwer niggs gesaad.

Kaum e Jòhr schbääder hann die Saarlänner gewähld unn sinn dsu Deidschland serigg kumm, unn de Musjee unn die Maddamm unn de Schaggi sinn nòò Frangreisch gedsòò. Se hann sisch noch niddemò verabschied odder die nei Address gesaad. Isch hann de Musjee nuur hinnerm Haus gesiehn, wierer sei leddschder Baddoowein selwerd ausem Keller gedraa hadd.

Middem Finger iwwer die Landkaard!

Wo hädd mer dass gedenggd: Grien mier doch graad so e Summer, wie mer ne hann wollde: Vill Sunn unn was wääs isch wie waarm. Es Termemeeder grawweld als so hoch, dass mer Angschd gridd, es gääd bladdse. Awwer jeddse iss das aa widder nidd reschd. De Leid isses allgebodd se heis, wann die Sunn mòò rischdisch Blòòdere vumm Himmel scheind. Mer kanns ääwe käänem juschd mache. Dòòdebei gebbds jòò Leit, die fahre fier sore Hidds egsdra bis nòò Furdsewenduura odder was wääs isch wohin. Debei hadds es Wedder dòò im Saarland die leddschde Wuche alles fier niggs genn. Unn mer hadd nuur de Läffel uffhalle misse.
Awwer wie in de eerschde Daache vun de Feerje es Dellefon gerabbeld hadd, iss die eerschd Fròò kumm: „Ei fahre ihr nidd wegg?" Dòò saad Meins immer: „Mier fahre noch wegg, saan awwer nidd wohin. Nidd das annere aa noch uff die Idee kumme." Dòòdebei bleiwe mir dehemm, weil's uns woannerschd nidd hääs genungg iss!

Wann isch draan dengge, wass mier in de leddsche Wuche Kaarde in de Briefkaschde geflòò sinn vun wääs Godd wohäär, dòò hädd isch middem Finger iwwer die gans Landkaard fahre känne: Nò Mallorga aan de Ballermann unn nò Esdreisch, aan die Nordsee unn aan die Kood. Die hääschd daadsäschlisch so, awwer es gebbd jòò aa im Saarland e paar Òrde, die nidd graad vòrnehm ausseschwäddse sinn. „Pisse" und „Sau" unn so Wärder, die mer gemäänerhand nidd in die Schniss holld, wammer fier feine Leid schreibd.

Wass mer dòò alles geschrieb gridd. Jeed Kaard fangd aan midd „Mier sinn gudd ankumm unn mache jeddse mòò rischdisch Feerje." Als kännd mer dehemm kää Feerje hann. Isch hann es Dellefoon erausgedsòò unn in der gans Verwandschafd gesaad, dass isch nidd se erreische bin. All hannse wisse wollem, wo mier hinnfahre, awwer mier hann niggs verròòd. Es wäär jòò aach gelachd, wann jeeder schbidds grien gääd, dass mier dehemm sinn hinnerm Haus.

Mier misse jòò aach noch de Gaarde neddse unn denne vum Nòòberd aach noch, dass nidd alles verdruggeld.

Soo e Wedder!

Wo hädd mer das gedenggd: Grien mier doch graad so e Summer, wie mer ne hann wollde: Vill Sunn unn was wääs isch wie waarm. De Leid isses awwer alleweile dse heis, wann die Sunn mò rischdisch Blòòdere vum Himmel scheind. Gääds rääne, gääb aach gemeggerd! Wie des machschd, isses verkehrd. Mer kanns ääwe käänem Reschd mache! Es gebbd jò Leid, die fliesche fier sooe Hidds egsdra alsmò nòò Furdsewenduura odder hugge drei Schdunne in der Sauna. Das haschde danne jò die leddschde Wuche graadiss unn fier niggs gridd.

Hanner aa gudd geschwiddsd? Mier hann die meischd Dseid im Gaarde unner de Bääm gelää. Die Fies hann mer in soore glään Baadbidd eningetunggd unn vun owwe hann mer de Durschd mid Bier abgeläschd. So kammers hann! Häddschd mò solle siehn, wie mier dò gegoss hann. Wann mer graad vum Giese schwäddse: De Gaarde iss jò fer wirglisch e bissje hinnehodd kumm bei dòò demm Wedder. De Raase sidd aus, wie wann mer Schdroh geblansd hädd unn die ganse Bluume eerschd: Wann isch die nidd jeeder Òòmend geneddsd hädd, wäär alles verdruggeld, eh dass de disch umgeguggd häddschd.

Fier denne Glään hammer so e Begge uff der Wies uffgeblòòs unn danne aa noch so e Dusch aangemach. Jesses, hadd däär glään Freggerd e Frääd gehadd! Däär wäär jò beinäggschd nimmeh rauskumm vòòr lauder lauder. Unn die Annere! Die waare graad so geggisch denòò. Glaab mers! Dò hadd danne nòònanner iwwer de Nòòmiddaa die gans Famill im Begge gehuggd unn hadd sischs gudd gehn lasse. Unn wanns so heis iss, danne hadd mer jò aach immer e gudder Grund, warum ebbes mò nidd graad so gudd funggdsjenierd. Fier normaal isses jò bei uns soo, dass alles wie aam Schniersche laafe muss. Wann nidd, gääd mer mei Fraa ebbes anneres saan! Awwer wann so e Hidds iss, kann das jò nidd sinn. Dò hadd jeeder Nòòsischd midd ääm, weil mer saad: Es iss jò aach so heis, dò kann das alles nidd so glabbe!

Jesses unn die Migge! Isch glaab jò, die sinn bei der Hidds gans wurres unn hanns druff abgesiehn, graad dann dsuseschdesche, wann ääner sisch mò hingeleed hadd in de Gaarde fier e glään Gimbsche se mache. Wubb, gebbschde geschdoch unn fròò nidd wie! Dò muschde es Bään widder unners Wasser halle odder Salb druffmache, fier dasses nidd rood unn digg gebbd. Nidd dass de aach noch sem Doggder muschd wääe sooem bleede Miggeschdisch.

Wanns danne awwer näggschd Wuch widder e bissje kälder gebbd, hädd isch eischendlisch aa niggs degääe. Unn mei Gaarde gääd sisch dòòdriwwer genauso freie. Unn die Nòòbersch aa unn mei Fraa eerschd reschd unn all annre drumrum genauso. Ich wääs gaarnidd, wäär die gans Hidds eischendlisch hann wolld? Waard mò ab, was die Leid dann widder iwwers Wedder saan!

Es näägschde Feschd gebbd noch greeser!

Waare ihr aach beim Feschd in Saarbrigge gewään? Isch hann kää ääner vun eisch gesiehn! Awwer dòò waare jò aach Himmel unn Mensche. Unn was die gess unn gedrungg hann! Beinäggschd hadd mer gedenggd, dass es Bier mòòrje verbodd gääbd. Isch kann der saan: Beim Äänhäädsfeschd in Saarbrigge hann mier uns fier die deitsche Äänhääd halbdood gesuff. Mer will sisch jò nidd lumbe lasse unn was sinn muss, muss sinn.

De erschd simmer aan der Saar langs gang, dass mer die Äänhääd mò gans näägschd gesiehn hann. Kannschd mer glaawe: Mier hann Kullis unn Bleischdifder middem Raddsefummel nòògeworf gridd, dass mer bis dsem näägschde Feschd dse schreiwe hann. Unn Babbier! Wann de das alles lääse willschd, wo die Bolledigg druff geschrieb genn iss, häddsche daachelang dse duun. Mei Fraa hadd gleisch so e glään Schdoffdasch geholl, wo mer danne alles ningepaggd hann. Die leid jeddse innem Egge unn waad druff, dass mer mò alles schduddierd, was die in Berlien dòò in der Bolledigg mache. Mier hann awwer aach die Bolledigg selwerd gedroff. Die iss uns äänfach so mierniggsdierniggs iwwer de Wääsch gelaaf. Dòò waare die ganse Minnischderbressedende vun iwwerall häär, die sisch in Saarbrigge erumgedrieb hann als wääre se dòò dehemm. Die Mergel unn de Köhler, de Miller unn de Maas - all sinn se dòògewään. Isch hann soggaar de ään odder anner Bollidigger gesiehn, der gaanidd dòògewään iss. So kannschde disch vergugge! „Bischde nidd de Saargesie?“ hannisch dse äänem gesaad. Wie isch danne awwer demm sei Fraa gesiehn hann, hannisch erschd gemergd, dass isch ne verweggseld gehadd hann. Die Fraa hadd ehrer wies Fanessa Bagges ausgesiehn als wies Kaarla Brunni. Mier sinn durschs Brandeburjer Door gelaaf unn danne schwubbdiewubb in Meggleburschg gewään, weil jò alles in de Lännerdselde dse siehn gewään iss. Vòòrem Lanndaach bischde nimmeh durschkumm vòòr lauder lauder.

Iwwerischens: Laud! Dòò hannse der die Ohre vollgeblòòs mid Mussigg bis hinnewidder! Die meischde Mussigg hann die Beiere vòòrm Schloss gemach. Dò haschde menne kenne, es Ogdoowerfeschd wäär disstuur nòò Saarbrigge verleed genn. Jesses, waar das e Rummel unn Gedrängelsches in demm Dseld! Mier hann unser Bierglas geholl unn sinn middem Fleischkääswegg ab dursch die Midde. De Maarsel Aadamm hadd gugge misse, dasser geesche die Mussigg vun de Hammburjer nidd unnergehd. Awwer er hadd sisch gudd gehall. Unn danne die Mussigg uff de ganse Biehne. Es Niggoll hadd gesung unn es Inggridd Peeders aach. Graad so, wie mer se ausem Raadjo kennd. Unn dann aa die ganse Schdaars vun de annere Länner, die wo all fier die deitsche Äänhääd nòò Saarbrigge kumm sinn, weil dòò so vill lossgewään iss. Beinäggschd hadd mer menne kenne, die halb Rebbebligg iss dòògewään unn die anner Hälfd aach noch. Wie mier nòòhäär uff de Hemmwää sinn, iss e Feierwerg lossgang, dass mer hädd dengge kenne, drei Silweschdere unn dswei Jubbelääums gääde gleischdseidisch gefeierd.

Ääns hannisch hinnerhäär geheerd vun so ääm, der jò nie dsefridde iss mid allem: Es näägschde Feschd soll jò noch gresser genn. Waade mer das mò ab, ob mer das noch erlääwe!

Wer hadd schunn gudde Kaarde?

Gemänerhand weisd mer jòò wildfremde Leid nidd sei Kaarde. Indressiere gääds misch awwer schunn. Neigierisch bin isch jòò nidd! Nur hädd isch fiers Fregge mòò gääre gewissd, was annere fier Kaarde hann - gudde òdder schleschde! Äänfach fier de Schbass gääd isch mòò gääre in anner Leits Geldbeidel eninngugge, wies dòò aussidd! Ob die aach so vill Kaarde drin hann wie isch?

Friejer hadd mer jòò nur die Wochekaard fier die Schdròòsebahn òdder fier de Bus gehadd. Unn heid? Fròò besser nidd! Jesses iss dass e Kaardesammlung im Geldbeidel! Dòò iss de eerschd mòò die Schegg-Kaard unn danne noch die sillwrisch òdder velleischd die goldne Kaard, fier dass de bedsahle kannschd, wannde kää Geld debei haschd. Dòòdemidd awwer nidd genungg! Mer hadd aach noch die GeldSerigg-Kaard òdder die Gredidd-Kaard. Kann sinn velleischd noch Kaard fier de Tibbes, die Kaard fier die Audopann, die MachMidd-Kaard unn die BallGwidd-Kaard, unn wass wääs isch, wie all die annere Kaarde noch heische.

In meim Geldbeidel gebbds meh Kaarde als wie Geld: Ään fier die Tanggschdell, die anner fier dsem Innkaafe, die näggschd fier ins Kinno dse gehn unn e annere fier dsem Dellefeniere. Mei Fraa saad schunn, dass isch e dswädder Geldbeidel nuur fier mei Kaarde kaafe missd, weil aa mei Fiererschein indswische e Kaard iss unn danne hannisch noch mei Adresskaarde, wo druffschdehd, wie isch heische unn wass fiere Dellefonsnummer isch hann.

Nuur ääns schdehd uff de Kaarde nie druff, wass mer danne meischd meh wie needisch breischd beim Bedsahle: Fier jeed Kaard gebbds e Gehäämnummer, die nur uff die ään unn ään Kaard bassd, wann mer se nidd verweggseld. Sem Dunnerkeil, isch kann mier nidd mergge, was fiere Nummer dsu was fierer Kaard geheerd. Meins hädd de libbschd die Gehäämnummer uff jeeder Kaard druff schdehn, awwer dass derf mer jòò nidd weesche der Sischerhääd.

Leddschd Wuch hann isch so e Kaard verlòòr. Nidd die Schegg-Kaard, sonnern nur so e Geld-Serigg-Kaard. Dòò hadd Meins dann de hallwe Daach gejòòmerd unn gekrisch weesche der Pungde, die verlòòr gang sinn, wo jeddse e annerer midd der Kaard innkaafe kännd.
Isch hann nur gesaad: „Heil mer niggs vòr, dòò holl isch mer danne ääwe e nei Kaard unn lass die ald schberre." Dass hädd isch aa gans figgs gemachd, wammer gewissd hädd, wo mer so e Kaard schberre kännd. Dòò missd mer meh wie fuchdsisch Adresse midd de Dellefoonsnummere im Kobb hann, weil jeed Kaard woannerschd geschberrd genn muss. Unn wo mer sich schunn die Gehäämdsahl nidd merge kann...

Wann mer misch fròòd, gääd isch all Kaarde in änner sesammeschdobbele. Dòò kännschde danne dòòdemidd de Tibbes graad genauso mache wie es Dellefeniere, die Audopann wäär aa kää Brobleem unn die Pungde fiers Innkaafe kännschde dòò graadso sammele. Gudderschbresch: Gaa kää Probleeme meh!

Awwer gischder hadd mer jeemand verdsehld, das gäng nidd gehn, weils alleweile schunn Leid genn gääd, die so Kaarde sammele gääde wie annere Briefmarge òdder Schmedderlinge. Unn denne gääd ma dann die Frääd aan de Kaarde holle. Dòò kammer mòò siehn, fier wass die Leid heidsedaachs ihr Dseid verbròòde!

Wammer misch fròe gääd, wäär jòò alles gans äänfach. Misch fròòd nuur kääner! So isses unn so bleibds. Genau dòòdraan hängds! Unn Meins saad nur: „Dòò kannschde mache niggs, dòò muschde gugge dsu!“ Mòò siehn, ob isch ball bessre Kaarde hann. Mer soll die Hoffnung jòò nie uffgenn! Niwwòhr!

Gudd gefubbd!

Weldmeischder wirre – das wäär jò mò ebbes Anneres! Wann mier schummò Paabschd genn sinn, missde mer das jò erschd reschd pagge. Awwer mer gridd niggs fier niggs! Dò muss mer erschd mò ordendlisch schbiele unn nidd nuur so wie bei der leddschd Weldmeischderschafd!

Häddschd mò solle siehn, wie mier dòòmoòls in unserm Dorf gefubbd hann! Dò hädd sisch manscher e Scheibsche abschneide kinne! Mier wääre soggaar beinäggschd in die dswädd Liega uffgeschdie, wann im allerleddschde Schbiel nidd de Schiedsrischder fier die Annere gepiff hädd! Awwer so isses jò allgebodd: Ääner gebbds immer, wo Grimmel in de Kääs enin machd! Jesses, waare das noch Dseide! Mier hädde dòòmòòls gudd unn gäär dreinull fiehre känne, eh dass die Annere es Door iwwerhaubd nuur mò aus der Näh gesiehn hädde. Unn danne hädde se immer noch kä Ball drin gehadd! In der erschd Halbdseid hadd mer die Annere jò sem Jaae draan misse! Die sinn hinnerm Ledder häärgeschlisch, als gäädese inrer Fabbrigg fier Schlòòfdabbledde schaffe!

Unn unser Mannschafd: Häddschd mò siehn misse, wie mier gelaaf sinn! Mir waare schunn so gudd wie Meischder, wann nidd de Schiedsrischder alles gabbudd gemach hädd. Däär hadd Tommaade uff de Aue gehadd odder was wääs isch, was däär aan demm Daach gepiff hadd. Vun de Räng hann se nem dsuugeruuf: „Verkaaf dei Peif, kaaf der e Schnuller!“

Unn wie danne ääner vun de Annere iwwer sei eischne Fies gefall iss, hadder denne noch e Elfmeeder genn. Das muschde dier mò vòòrschdelle: Die känne nidd rischdisch uff de Fies schdehn unn grien dòòdefòòr aach noch e Belohnung!

Wie das danne in der dswädd Halbdseid geesches Enn gang iss, waars verbei. Irjendwie hann Unsre kä Dsielwasser gedrungg gehadd. Jeeder Ball iss denääwe gang. Däär ään ins Aus, der anner aan de Poschde, der dridd was wääs isch wohin! So ebbes se siehn duud weh, kann isch dier saan! Ään Schangs nò der anner hammer vergenn unn dòòdesuu kä bissje Gligg! Noch niddemò so e gläänes Faul vun de Annere, wo de middem Schdròòfschdoos ebbes häddschd uffbaue känne! Nä, niggs, iwwerhaubd niggs!

Unn die Annere hann dswei, dreimò geschoss unn dòòdebei jeedesmò e Door gedrääd - nidd scheen, awwer drin iss ääwe drin! Eischendlisch waare mier die Bessere gewään, awwer de Ball iss rund unn es Schbiel laafd neinsisch Minnudde. Dòòmòòls waare mier beinäggschd so gudd wie Mòòlschd unn Laudere sesamme. Jesses, mei Nerve! Dò gebbds mer heid noch wäär wääs wie, wann isch dòòdraan nuur dengge!

Heid iss jò alles längschd nimmeh so wie dòòmòòls. Isch menn, die schbiele nimmeh middem Herds wie dòòmòòls. Se dengge aan die Monneede, wo se heidsedaach defier grien, aach wann se dreimò denääwedrääde – die missde dò noch Geld bringe, schdadd dass se die Miljoone abschdaawe. Wie mier dòòmòòls beinäggschd uffgeschdie sinn, hammer fier niggs geschbield. Unn es iss noch um die Sach gang. Unn dass missd jò heid widder so sinn! Nuur mò so gesaad!

Fròò nidd sevill!

Wie isch noch glään gewänn bin, hann isch allgebodd alles wolle wisse. „Was schaffd de Niggelòòs iwwers Jòhr, wann kää Weihnachde iss? Hann die Kinner am Nordpol aach Hiddsfrei? Verschreggd sisch die Tande Elli, wannse sisch im Schbischel sidd? Gebbds fier Hemmweh Pille? Schwäddse die Kinner in Affrigga wie mier? Iss e Oggs de Onggel vumme Schdier unn de Padd vun der Kuh?"

Meischdens iss meiner Mudder die Fròòerei uff die Maggroon gang odder se hadd aa kää Andword gewuschd. Mei Mudder hadd danne immer gesaad: „Hall die Lufd aan!" „Wie gehd das, wann mer die Lufd aanhalld?", hann isch gefròòd? „Ei graad so wie im Schwimmbegge, wann mer unner Wasser schwimmd!", hadd mei Mudder gesaad. Isch hann die Lufd aangehall, awwer das hannisch nidd so lang gekunnd, weil isch jò noch glään gewään sinn.

Wie isch danne widder mei Fròòe geschdelld hann, hadd mei Mudder gesaad: „Fròò nidd dsevill, sunschd fròòschde mer noch e Loch in de Bauch." Unn weil isch mier dass gans furschber vòòrgeschdelld hann, wann mei Mudder mid lauder Läscher im Bauch erumlaafd, hann isch dabber fier e Dseid mid der Fròòerei uffgeheerd. Awwer das hadd gaarnidd lang gedauerd, wo isch widder ebbes wisse wolld. „Wie gridd die Ooma, die graad geschdorb waar, im Sarsch es Òòmendesse?“ „Kummd de Bägger Wannemacher, wanner in de Himmel kummd, dord in die Bäggerei?“ „Iss de Herr Paschdoor schbääder aach Ooba, selbschd wanner kää Enggelscher hadd?“

Äämòò, wie isch gefròòd hann, wo die glääne Kinner häärkumme, haddse gesaad: „Das muschde mò dei Babbe fròòe, der wääs das besser wie isch, weiler schummò middem Fluuchdseisch geflòò unn im Griesch in Russland gewään iss.“ Isch hann also de Òòmend mei Babbe gefròòd, unn der hadd mer vergliggerd, dass die Kinner vumme Glabberschdorsch gebrung genn. Unn wann mer uff die Finschderbangg e bissje Dsugger leed, gridd mer e Määde gebrung unn wann mer Sals druff schdraud, gebbds e Buubsche.

Isch hann in de näggschde Daache es halwe Salsfässje läär gemach unn die Finschderbangg waar gans weis vòòr lauder Sals, awwer bei uns iss niggs bassierd. Nuur bei de Nochbere iss kurds druff e Buubsche gebòòr genn unn isch hann geheild, weil de Schdorsch sisch in der Hausnummer verdòòn hadd. Wie mei Mudder die Geschischd midgridd hadd, hadd se misch in de Arm geholl unn gesaad, dasse es näggschd Mòò, wann se de Schdorsch nochemò dreffe gääd, mò middem schwäddsd. So ebbes gääd sisch nidd geheere, dass mer ebbes beschdelld unn e annerer bekääm das dann geliwwerd.

Isch hann dòòdenòò noch e gans Reih Geschwischder gridd, lauder Määde, unn mei Mudder hadd gesaad, das wäär desweeje, weil isch schunn es ganse Sals verschdraud hädd unn jeddse wäär nur noch Dsugger dòògewään fier uff die Finschderbangg. Awwer das hann isch danne aa nimmeh geglaabd. Mei Freind hadd mer nämlisch verdsehld, dass es in Saarbrigge e Geschäfd gääb, das gääd Kinnerkaafhaus heische, wo mer sisch die Kinner kännd kaafe. Unn so ebbes hann isch danne ehrer geglaabd als wie die bleed Geschischd vum Dsugger unnem Sals.

Billischtigged nòò Parriss!

Ruff uff de Bahnschdeisch, ninn in denne schnelle Dsuuch unn ab nòò Parriss. Gans so äänfach waars naddierlich nidd gewään. Erschd hannisch im Indernedd meh wie dswei Schdunne erumgesuuchd, wo danne das Billischtigged verschdobbeld gewään iss. Muschd nidd menne, dass der so ebbes vòòr die Aue geflòò kummd wie der die gebròòdene Dauwe in die Schniss flieje. Wie mier danne nòò Saarbrigge gefahr sinn, hadd mei Fraa noch gesaad: "Wanns nidd glabbd, känne mer jò in Saarbrigge e bissje dursch die Geschäfder scheese gehn unn danne widder hemmfahre, nidd dass mer e Meddsjergang gemach hann." Mier waare reschderdseid uffem Bahnschdeisch, dass kääner kunnd saan, der Dsuuch wäär nuur nidd gefahr, weil mir nidd beidseide dòògewään sinn. Naddierlisch hann mer all die Dseid danne uffem Bahnschdeisch verblemberd, die wo mer eischendlisch middem schnelle Dsuuch nòò Parriss wollde schbaare.

Unn danne isser gans dussma gefahr kumm, unn mier sinn figgs in de Waggong ninn unn hann aach daadsäschlisch de Bladds gefunn, wo uffem Fahrschein druffgedruggd gewään iss. Mer wunnerd sisch jò schunn, wie die das doch so wisse, was die Leid fier Blädds hann! Kaum haschde gehuggd, isses lossgang, awwer gans dussma, weil de Dsuuch in Fòòrbach gleisch widder halle muss. Dò sinn dann die ganse Fransoose ingeschdie. Unn danne iss de Schaffner kumm unn hadd sisch es Billischtigged angeluud unn gegnibbsd. Gesaad hadder awwer niggs unn kää bees Gesischd, wo mier doch so weenisch bedsahld hann.

Danne isses erschd rischdisch lossgang. Die Audos nääwens uff der Audobahn hann nimmeh känne midhalle. Mid äänem Mòò schdehd iwwer der Dier 320 Killemeeder. Dò hadd ääner gesaad, das wäär de Killemeederdsähler, wie schnell mier graad gängde fahre. Unn schwubbdiwubb bischde uffem GaardeLässd gewään. Raus ausem Dsuch, rinn in die Meedro. Mier waare beinäggschd schneller uffem Schangselissee wie de Pidd, wanner vun Saarbrigge nòò Wemmedsweller fahrd. In Parriss waare danne lauder Fransoose. Mier hann versuchd, e bissje Franseesisch se schwäddse, awwer die hann das nidd rischdisch verschdann.

Schbääder waare mer dann noch aam Piggall, awwer das iss e anner Geschischd. Dòòdenòò simmer widder dabber uff de Bahnhoof, weil die jò mid demm schnelle Dsuuch nidd uff disch waarde. Die fahre uff die Minnudd ab, aach wann nidd all Leid dòò sinn. Alles hammer gesiehn in Pariss, segaar de Eiffelturm. Dò simmer awwer nidd druff gewänn, das heewe mer uns uff fiers näggschd Mòò.

Gans nääwebei: Wann es Billischtigged deirer gewään wäär, wäärs in Parriss nidd graad so scheen gewään! Nuur mò so gesaad! Unn ääns muschde der mergge: In Parriss gebbds kää Ludwischskirsch, kää Sangehanner Margd unn kää Roschdwurschbuud. Wammers rischdisch holld: Die hann dord aach nidd alles!

Endlisch widder schaffe gehn ...

Feerie verbei unn jeeder kummd dehäär unn fròòd: „Haschde se gudd verbrung? Waarschde fott gewään? Was haschde erlääbd?“ Dò kann isch nur saan: „Erlääbd jò, awwer gans annerschd, wie de denggschd! Fròò besser nidd! Nidd dasses mer graad sunschwie gebbd!“

Aangefang hadd alles, wie Meins gesaad hadd, dass mer dissjòhr mò nidd in Feerie fahre unnes uns dehemm scheen mache. „Aach gudd!“, hannisch gedenggd. Schbaare mer das Geld unn iwwerhaubd: Was muss mer in der Weldgeschischd erum kuddschiere, fier danne hinnenòò dse merge, dasses doch dehemm am schennschde iss! Kää Huddel middem Hodell, kä Gemegger iwwers Esse unn de beschd schlòòfd mer jò eh allgebodd in der eischne Kuhl. Isch hann mer schunn vòrgehòll, es Dellefon ausem Schdegger dse dsieje, die Poschd drei Wuche nidd uffsemache, mòrjens lang se friehschdigge unn danne sisch langs in de Liejeschduhl se leeje. De Nomiddaa grääd mer e bissje geschlòòf, velleischd wäär mer aach mòò ins Schwimmbad gang òdder hädd in der Schdadd geguggd, wasses se kaafe gebbd. Unn de Òmend kännd mer Fernseh lue. Kannschde jòò dehemm alles hann! Wass willschde meh?

Es hädd jò aach rischdisch scheen genn känne, wann nidd schunn de eerschde Daa die Aarwed geruufd hädd. Allewei hadds gehieß: „Kännschde mer mò das mache unn danne das dò unn hinnenò danne das unn was wääs isch nidd noch alles.“ Meins hadd die Aarwed gefunn, wo isch se noch niddemòò gesuuchd hädd! De eerschd waar es Audo draan. Das hammer so bliddseblangk gebuddsd, dass de beinäggschd die unnerschd Laggschischd gesiehn haschd. Dann missde mer in de Gaarde unn isch hann es Ungraud gedsobbseld, dass de Gaarde nòòhäär ausgesiehn hadd, wie als hädd mer e Kannischder Ungraudeggs kaafd unn verschudd. Dòòdebei is Meinem inngefall, dass mer immer schunnemò die Beede middem neie Meiersche fasse wollde. Es Dach vum Gaardeheisje iss nei midd Dachbabb beleed genn unn graad wie isch dòòdemidd de dritte Daach ferdisch gewään war, waare die Bladde uff der Terrass draan, weil die immer so waggelisch worr sinn, wanns geräänd hadd.

De haschd menne känne, dass isch all Aarwed ums Haus vunde leddschde drei Jòhr nòòholle missd. Vum Graab vum Ooba will isch jò nidd schwäddse. Dass hammer nei geblansd. Unn weils danne graad dòòdenòò e paar Daach scheenes Wedder genn hadd, bischde mòrjens unn òmends dsem Neddse uff de Friedhof gang. Dswischedrinn iss die Tand vun nääwens kumm, weil se was wääs isch wohin hadd gefahr genn misse. Wies danne aangefang hadd dse rääne, hannisch gedenggd, dass jeddse mòò die rischdisch Feerie aanfänge. Glaabs nidd! Dò hammer dann de Keller uffgereimd, weil in der näggschd Wuch de Schberrmill kumm iss, wo alles middholle wolld. Jesses, hann isch dò Sache gefunn, wo isch gaanimmeh gewissd hann, dasses die noch gebbd, so hannisch im hinnerschde Egge erum gegruuscheld.

De beschd awwer waar, wie mer die hallwe Feerie rumgehadd hann unn mer häddes uns jeddse mò so rischdisch gemiedlisch mache känne. Dòò mussde danne die Gweddsche abgemach unn die Schmier gekochd genn. Alles hadd iwwerall gebabbd, isch hann so babbische Griffle gehadd, dass isch mer geschwòòr hann, iwwer de gannse Winder kää Gweddscheschmier se esse. Hinnenòò hannisch danne noch die Dachfinschder gebuddsd, es Loch aam Kaandel abgedischd unn die Reescherinn sauwer gemach. Wass isch in der Karaasch gefuhrwergd hann, dòòdevun will isch gaanidd schwäddse. Sunschd kääme mer vum Schdeggelsche sem Steggsche.

Am Mondach gehn isch widder uff die Aarwedd. Kannschd mer glaawe: So gäär bin isch im gannse Jòhr noch nie schaffe gang. Dò hann isch iwwer de Daach weeneschens widder mei Ruh!

Aweile kummds gans digg ...

Meischd mergd mers jò de erschd aan de Buggse, wann mer e bissje – nidd vill awwer e bissje – digger genn iss. Dòò dswiggds iwwer de Bauchlabbe, die Buggs schdremmd aarisch, unn mer hadd so e glään Probleem. Naddierlisch kännd mer e nei Buggs kaafe odder mid der Lochdsang e neijes Loch in de Girdel peddse. Meeschlisch wäär awwer aach, wann mer sisch äänfach vòòrholld, emòò rischdisch abseschbegge, dass mer widder in sei Glääder kummd unn ohne denne digge Reddungsring um die Ribbe erumlaafd.

Was wääs isch, wivvelmòòl isch misch schunn fier es Leddschd endschied hann: Runner mid de Punde! Leischder gesaad wie gedengd! Abholle wär jò gaanidd so schlimm, wann nidd die Leid um disch erum wääre! Eewisch sisch das Geschwadduddel aandseheere, wo mer vòòre unn hinne gedriggd gridd: „Isch menn, de bischd e bissje digger genn, schdehd der awwer gudd!“ Dò muschde noch aan disch halle, dass de nidd fresch gebbschd. Als hädd mer nidd schunn genungg mid sisch unn seim Gewischd dse duun. Muss mer sisch aach noch aanheere, wie annere dsuu deim Schlachdgewischd ihr Senf dedsuu genn.

Wann isch mier dann mòò vòòrgeholl hann, dass die Punde runner misse, dò gehds bei mier rischdisch dser Sach, dò kenn isch jò gaaniggs! Jeeder Daach fangd danne mòòrjens seford bei mier aan mid sorem gans brobblemaadische Gang uff die Wòò. Dò muss sich weise, wies schdehd mid de Punde. Unn das iss jò alles nidd so äänfach! Wass hann isch nidd schunn browwierd, fier gudd abdseschbegge. Kää Diääd iss mer se bleed gewään, fier dass mer se nidd gemach hädd! Meischdens hann isch jò gleisch dswei geholl, weil isch bei ääner nidd sadd genn bin.

Unn immer widder uff die Wòò unn dò in Milligramm gemess, obs voran gehd midem Abholle. Isch wääs jò nidd, wie annere das so mache. Awwer meischd grien isch nò ääner Wuch schunn gesaad:

„Du guggschd aus der Wäsch wie... . Gehds der wirglisch so, wie de aussieschd? Gehds der nidd gudd!“ Dòò muss isch danne saan: „Ei jòò nää, isch mach e Abmaacherungskur. „Ach so, jò dann!“, saan danne die Leid unn gugge so e bissje, als gääd isch aussiehn wie de Dood uff Uurlaab. Velleischd sinn se aach nur neidisch, weil mer so mierniggsdierniggs gans annerschd aussidd. Midlääd gridd mer jò fier niggs. Nuur de Neid muss mer sisch verdiene!
Mier falld so schwäär, unner die Leid dsu gehn unn dòòdebei aach noch so dse duun, als gääd mer es Abholle rischdisch Schbass mache. Dò grischde die Flemm sem Abholle noch dedsuu, unn das iss jò aach nidd graad gesund.
Unn wann isch heere, wass mer e Kumbel gesaad hadd, missd isch mid meine Punde eischendlisch sefridde sinn. Mier hadd mò ääner gesaad: „Mei Wòò weisd alldseid neindsisch Killo. Wann isch die mò in die Rebbraduur draan dääd, glaab mers, sei Lääbdaach gääd isch das dòò Gewischd nimmeh halle!“ Unn all das dumm Gesabbel parrierd mei Kumbel mid äänem Sadds: „Isch bin digg, du bischd doof. Isch kann abholle, awwer du...!“

Es Wunner vum Wasser in Wein

Das waar dòòmòòls gewään, gleisch nòòm Griesch, wie die Kinner noch nidd so glewwer gewään sinn wie heid. Isch waar so e Gnägges vun drei odder vier Jòhr gewään unn mei Bruuder waar schunn in der Schuul unn hadd immer e bissje meh gewissd wie isch. Im Rellischjoonsunnerrischd hann die dòòmòòls die Geschischd vun der Verwandlung vum Wasser in de Wein gelehrd. Das hadd awwer mei Bruuder nidd wolle glaawe, wie dòò de Herr Jeeses ausem Wasser de Wein gemach hadd. Unn weil mei Vadder unn mei Mudder fromm waare, hann se gedenggd, dass das nidd gehn kännd, wann e Kind nidd glaabd, was in der Biebel uffgeschrieb genn iss. Dò hadd mei Vadder all Kinner die Wandlung vum Wasser in de Wein mò rischdisch demmenschdriere wolle.

Jeede Sunndaa, wann mier dsem Middachesse sesamme gehuggd hann, hadd mei Vadder allgebodd fier die Mudder unn fier sisch e Gläasje Wein ausgeschudd. Danne hann die Kinner gemäänerhann bei uns e Gläasje Gänsewein gridd, dasse aach ebbes im Glaas gehadd hann. Das waar immer gans gewehnlisches Schbruudelwasser gewään. Denne Sunndaa awwer waar mei Vadder vòòrhäär häämlisch hingang unn hadd in die Schbruudelflasch, wo de Schbruudel ohne Geschmagg drin gewään iss, Dsiddrooneschbruudel ringeschudd. Dò hadd mer danne schun beim erschde Schlugg gemergd, dasses dissmòò nidd nuur Schbruudelwasser gewään iss, was mier dò dringge. Das hadd jò rischdisch e sieser Geschmagg gehadd.
Mei Vadder hadd sisch niggs aanmerge gelass, hadd danne aach de Gänsewein browwierd unn hadd gesaad, dass de Wein e bissje sies schmeggd, awwer nidd schleschd, das missd wohl Dsiddroonewein sinn, wo dò jeddse ausem Schbruudel genn iss, weil mier vòòr em Esse gudd gebääd hädde. Dò hädd de Herr Jeeses mò gedenggd, es wäär mò widder aan der Dseid, e Wunner se wirge. Unn mier hann de Dsiddroonewein all mid Aandachd gedrungg, weil mier gedenggd hann, dass de Herrgodd näggdschd unner uns wäär, was jò – wann mers rischdisch holld – aa so gewään sinn muss, weil mei

Babbe gesaad hadd, dass de Herr Jeeses kummd, wann dswei odder drei sesamme kumme, danne wäär er middemang debei.

Mier hann iwwerall im Dorf verdsähld, dass bei uns e Wunner bassierd wäär, unn de Herr Baschdoor hadds nidd wolle glaawe. Er hadd dse meim Bruuder gesaad, er solld kää so dumm Dseisch verdsähle unn wanner nommòò devun aanfange dääd, dirfd er nidd dser Kommenjoon gehn. Mei Bruuder hadd em awwer dann schbääder die gans Sach hemmgedsahld, wierer nòò der Kommenjoon Messdiener genn iss. Der hadd de Messwein ausgedrungg unn hadd danne in das Fläschelsche vum Messwein Weihwasser ningemach.

Unn dòò hadd de Herr Baschdoor in der Mess de Kelsch graad so gedrungg, wie wenn das wirglisch Wein wäär. Naddierlisch kännds awwer sinn, dass daadsäschlisch graad nommò so e Wunner bassierd iss, unn de Herr Baschdoor hadds aach dissmòò gaanidd midgridd, wääs mers? Isch hann dòòmòòls nuur gedenggd: „Das hadder ääwe gehadd – vun seim Unglaawe! E Wunner bassierd, unn nuur de Herr Baschdoor gridds nidd mid!“

Die Flemm machd sisch brääd!

Jeddse kumme se nommò – die ganse graue Daache im Nowwember mid Newwel unn Rään, wo mer de liebschd die Bedd-Degg iwwer sisch dsiehd unn graad gaarniggs meh heere unn siehn will vun der Weld. Kann sinn, dasses Wedder jò ääne so rischdisch gräädsisch machd, dass mer sisch de beschd im hinnerschde Egge verschdobbeld, wo kää ääner ääne finnd. So gans dusma kummd die Flemm iwwer ääne unn mer wääs nidd, wie mer dòòdemid ferdisch soll genn. Mied, gabbudd unn läädisch fiehld mer sisch unn iss fier niggs dse gebrauche.
Geesche die Fregg haschde Pille odder Naaseschbrei, veleischd aa so e paar Huuschdeguddsjer odder Salb fier uff der Bruschd insereiwe. Was machschde awwer, wann sisch die Flemm in deim Lääwe so rischdisch brääd machd? Dòòdefier hadd noch kääner e Graud gefunn. Mansche laafe äänfach furd unn gehn woannerschd hin, weil se menne, dass mer der Flemm ausem Wääsch gehn missd, dass mer se nidd gridd. Dò sinn se awwer schief gewiggeld, die Flemm laafd der nòò, wo de aach hingehschd.

Annere Leid hugge sisch in die Baadbidd unn wäsche sisch mò vun owwe bis unne, als kinndschde äänfach die Flemm vun der Haud runnerwäsche. Das funggdsjenierd awwer genauso weenisch! Kää Tee, kää Dabbledde, noch niddemò e Dsäbbsche helfd der, wann de der mò die Flemm ingefang haschd. Dò muschde dursch, ob de willschd odder nidd! Das muschde äänfach aushalle wie Fiewer odder e digger Hals.

De beschd lassd mer äänem mid der Flemm sei Ruh, dasser mò nidd allgebodd gesaad gridd: „Bischde nidd gudd druff?!" Das gehd ääm graad nochmò uff die Maggroon. Wammer die Flemm hadd, kann mer äänfach niggs draan mache unn mer muss waarde, bisses verbei iss. Es gebbd jò Leid, die glaawe, dass die Flemm ääne vun innewensisch ufffressd. Awwer das kann isch nidd glaawe, weils ääm jò dann, wann die Flemm verbei iss, widder gans gudd gehd. Isch laafe immer in de Wald eninn unn gugge, dass isch die Flemm so rischdisch jausschwiddse. Dass aach alles rischdisch rauskummd, hugg isch misch denòò noch in die Sauna, dass niggs aam Enn hängebleibd in de Gelengge odder in de Gnoche. Meischd helfd das jò iwwers eerschde ewegg unn mer iss nimmeh so läädisch unn gabbudd wie vòòrhäär.

Isch dringge aach so e glääner Selbschdgebrannder odder wanns besonnerschd schlimm iss aa dswei, wo mer de Alwies aus seim Fass abfilld. Der hadd dehemm im Keller so e 30-Lidder-Flasch schdehn - alles aus eischnem Obschd. Wanns nòò demm seine Vòòrrääd gääd gehn, kännd mer die Flemm noch e paarmò meh grien, nur mò so gesaad. Es muss jò awwer nidd sinn! De beschd fiehld mer sisch jò, wann die Flemm graad verbei iss. Unn dòòdruff kann mer jò aa mò ääner dringge, niwwòhr!

Jòhrin, jòhraus!

Die Dseid laafd noch schneller als wie die Uhr. Vòòr gaarnidd langer Dseid iss Faasend gewään unn eh dass de disch umguggschd, iss schunn widder Doodesunndach. Faschd kammers nidd glaawe! Dòòdriwwer kannschde simmeliere, awwer beim Nòòdengge findschde kä Enn!

Schunn ausgangs Ogdoower sinn mier die erschde Niggeleisjer begeeschend unn dòò hann isch gewissd: Jeddse laafe se erum unn bringe widder Schdruwwel unner die Kinner. Ääwe waar Ooschdere unn kurds druff iss Weihnaachde. Wie soll mer das danne noch ausenannerhalle? Es kummd jò noch verdswiggder, weils vun denne heilische Niggeleis nidd nuur ääner gebbd. Uff der Schdròòs, im Peegaa, beim Turnverein, in der Schuul – iwwerall kummd e Niggelòòs dehäär unn saad: Äär wäär de eschde! Unn danne hannse noch e gansi Reih vun annere Geschdalde im Schlebbdau.
De heilische Niggelòòs, denne kännd mer sisch jò noch gudd merge. Danne awwer iss dò aach noch de Gneschd Rubbreschd. Der iss im Saarland erfunn genn, weil mer bei uns immer gesaad hadd: „Bischd mei gudder Gneschd!“ De Gneschd Rubbreschd iss eischendlisch de Schoffeer vum heilische Niggelòòs, weil de Rubbreschd jò beim Schlidde uffem Bogg huggd. Unn de Gneschd Rubbreschd muss aach die Grobbaarwed schaffe, weil de Niggelòòs in de Dswischedseid de Kinner sei Seesche genn muss. Dò hadder genungg dse duun. Meischdens hadd de Gneschd Rubbreschd aach die Ruud debei, dseid se de Kinner awwer nuur mòò so unn schdeschd se danne widder furd. Unn danne gebbds dò noch de Hans Muff. Kannschd awwer froh sinn, dasser bei uns dò allgebòdd nidd verbeikummd. Der iss gans schwaards, kummd deregd aus der Häll unn hadd aach e Kedd debei, fier die gans Fresche absefiehre. De Hans Muff iss aach mòò dòòdefier gewään, die fresche Buuwe se drassele. Mer siehd ne awwer in de leddschd Dseid nimmeh so ofd. Kann sinn, dass die Kinner doch nimmeh so fresch sinn wie frieher. Veleischd awwer aach deswääe, weils jò verbodd iss, die Kinner se schlaan.

Unn dann kummd aach noch de Weihnaachdsmann. Der iss nidd gans de Niggelòòs unn nidd gans de Gneschd Rubbreschd. Veleischd isser de Unggel vun denne dswei odder irjend so e annerer koomischer Verwander. Die hadd mer jò immer mò in der Famill unn wääs nidd, was mer mid denne aanfänge kann. Unn dò hann se ne dsem Weihnaachdsmann gemach, dasser aach e Poschde hadd. De Weihnaachdsmann muss eischendlisch de Schaffer mache. Der schlebbd die ganse Paggeede mid seim Schlidde dursch die Weldgeschischd. Vòòre hadder mò es Renndier odder so e paar Hirsche – graad ääwe, was reschderdseid im Schdall geschdann hadd.

Kann mer nuur froh sinn, wann endlisch die Weihnaachde iss, dò kummd näämlisch es Grischkindsche, unn das iss immer es ään unn selwe. Godd sei Dangg! Danne iss awwer es Jòhr aach widder erum.

Wanns Grischkindsche baggd ...

Das muss so in de fuffdsischer Jòhre gewään sinn: Dòòmòòls hann mer in ääm vun denne ville glääne Därfscher ringserum um die Hidd geläábd unn jeeder Òòmend hann mer in de Himmel geguggd: Figgsfeierrood waar däär gewään, hinne iwwer Välklinge odder iwwer Burbach. Beinäggschd hadd mer gemennd, dòò gääb e grooses Feierwerg abgebrennd. Gans rood waar de Himmel, eggaal ob de vun Geislaudre, Källerbach, Gerschweiler odder Roggerschhause geluud haschd. Unn die Mamme hadd danne gesaad: „Awweile sinner mò gans kusch, es Grischkindsche baggd schunn sei Bläddsjer! Wanner jeddse nidd parriere, gebbds niggs vum Niggelòòs unn eerschd reschd nidd aan der Weihnaachd!“

Mier hann werglisch gedenggd, dass es Grischkind in der Hidd bagge duud. Dòò hadd mer sisch dann mäschdisch am Rieme geriss unn iss nimmeh aus der Reih gedansd, weil mer gewissd hadd, dasses jedds druff aankummd.

Mier hann dòòmòòls jò gedenggd, dass uff der Rangläáder gans owwe es Grischkindsche huggd, vun wo danne de Niggelòòs, de Gneschd Rubbreschd odder de Hans Muff erunnergeschiggd genn uff die Weld, fier dòò mòò de Kinner rischdisch inseheidse. Dò hadd mer danne schunn emòò sei Dseddel fier die Weihnachd geschrieb unn de Òòmend uff die Finschderbangg geleed. Waar das e Uffreeschung gewään, wann mer de näägschde Mòòrje gleisch geguggd hadd, ob aach der Dseddel furdgeholl genn iss! Unn wann e glläänes Bläddsje uff der Finschderbangg geläá hadd, dò hadd mer gewissd, dass es Grischkindsche alles besòòrje gehd.

Jesses, hadd mer danne aach noch e Bammel gehadd, wann ääner vun denne ausem Himmel uffgedauchd iss unn vòòr de Kinner mid der Ruud erumgefuddschdeld hadd! Wann de Sanggd Niggelòòs als Bischoof kumm iss, waar dass jò nidd graad so schlimm. Däär hadd ausgesiehn wie e Bischoof, unn hadd kää Ruud gehadd. Gans annerschd waars middem Gneschd Rubbreschd, wanner middem Hans Muff uff der Bildfläsch erschien iss. Die hann im Sagg schunn e paar Kinner drin gehadd, wo die Fies owwe erausgeschbiddsd hann. Unn jeeder Figgediewes hadd gemennd, dass äär de näggschd wäär, wo in de Sagg erinkummd. Soo iss das gewään!

Dò hadd mer danne dabber sei Liedsche gesung unn e Gedischdsche uffgesaad unn dòòdenòò waar alles gudd gewään! Eerschd wie dann de Vadder middem Niggelòòs ausem Dsimmer gang iss, weil de Niggelòòs vum Babba seim Schnabbs browwiere mussd, dò hadd mer mò häämlisch gesiehn, wie de Niggelòòs in der Kisch sei Baard abgeleed hadd, fier denne Kurdse se kibbe. Awwer gesaad hadd mer dòò naddierlisch niggs. Mer wolld jòò de Erwaggsene nidd die gans Frääd holle!

Wann mer heid de Òòmend geesche de Himmel guggd, baggd es Grischkindsche beinäggschd nimmeh so ofd wie sellemòòls. Veleischd isses desswääe, weil jò jeeder wääs, dass alles vum Schdahlwerg kummd – unn nidd vunnem mordsgroose Himmelsoowe. Unn segaar die glääne Kinner glaawe nimmeh draan. Meeschlisch, dasse so e bissje de Reschbegd verlòòr hann vòòrem Grischkindsche unn vòòrem Niggelòòs – kann sinn, segaar vòòr der Hidd.

Kää Dseid bis Weihnaachde!

Jeed Jòhr isses es Ään unn Selwe! Mer saad sisch: Dissmò lass isch misch nidd heddse. Denne Adwend gehn isch gans gemiedlisch aan. Das wäär jò gelachd, wann mer dò kää Ruh ringrien gääde! Unn was leie bleibd, gebbd ääwe nidd gemach! Puuschdekuuche! Kaum dass de erschde Adwend verbei iss, kummsche in sore Schdimmung, dass de denggschd, de gäädschd ebbes verbasse. Wääs de Deiwel, wie das so immer kummd! Dòdebei häddschde jò Dseid genungg gehadd, fier alles dussma se mache.

In de Geschäfde hann se jò schunn im Ogdoower middem Dseisch fier die Weihnaachde aangefang. Dò hadds schunn de Leebkuuche unn die Niggeleisjer genn, eh dass die Allerheilische verbei gewään sinn. Unn mer hadd menne kenne, de heilisch Òòmend gääd graad schunn vòr der Dier schdehn. Meischdens gebbds jò allgebodd im Jannewaar die erschde Ooschderhääsjer unn beinäggschd im Friehjòhr lääschde die Regglaame fier de Erndedangg. So isses doch!

Irjendwie iss die dòò Weld nimmeh gans glòòr unn de muschd gugge, dass de nidd gans wurres gebbschd bei demm Dreiwe dòò. „Dsem Dunnerliddsche!“, saaschde der, „was iss das e Hedds vòòr de Weihnaachde!“ Jeed Jòhr hollschde der vòòr: Dissmò mach isch das nidd mid unn danne bassierd ders doch, dass de inne Hegdigg kummschd, die nimmeh scheen iss. Hanner schunn all Geschengger kaaf? Iss schunn die Weihnaachdsposchd geschrieb? Aan wenne muss mer noch dengge, dass mer kääner vòòr de Kobb schdoosd? Was gebbd gekochd iwwer die Daache unn was muss mer inkaafe?

Mer kinnd dobbeld Dseid hann unns gääd immer noch nidd reische! Unn wann danne die Weihnaachd wirglisch dòò iss, danne bischde so figgs unn ferdisch, dass de disch gaanimmeh rischdisch draan freie kannschd. Wo die gans Dseid hinkumm iss, wääschde aach nidd unn de hollschd niggs meh serigg, was furdkumm iss.

Dòdriwwer sinn mer mò e paar Dseile ingefall:

Dseidverbleib

Wo isse nur häärkumm,
wo isse nur hingang,
die Dseid, all die Dseid?
Wäär haddse kumme,
wäär haddse gehn siehn?
Was hadd mer mid aangefang,
was hadd mer mid gemach -
mid der Dseid,
mid all der Dseid?
Wäär haddse äänfach geholl,
wäär haddse häämlisch geglaud,
wäär haddse doodgeschlaa
mid Dseidverdreib,
die Dseid!
Mei Dseid,
dei Dseid,
all Dseid
in dòò der Dseid?

Als nuur Fròòe
unn kää Dseid
fier Andworde!

E rischdisch scheenes Dannebäämsche

Disstuur hann isch mier fier die Weihnaachd jò feschd vòòrgeholl: Mier grien e Dannebäämsche, wie de noch kääns gesiehn haschd. Unn das hadd aa sei Grund. Leddschd Jòhr waar näämlisch bei uns middem Dännsche e Kaddaschdroof bassierd, die wo mer nuur äämòò erlääwe will. Kummd doch die Weihnaachd unn mier hann kää Baam.
Nidd dass mer die Weihnaachd vergess gehadd hädde. Mier hann schunn gewuschd, wanns Grischkindsche kummd. Awwer mei Fraa hadd allgebodd gesaad: „Waad noch middem Baam, denne kaafe mier gans de allerleddschd, wo die Bäämscher in de leddschde Daache gans billisch sinn, weil danne jeeder Verkeifer sei Bäämscher lossgenn will unn iwwerhaubd: Was solle mier drei Woche middem Bäämsche uffem Balgoon mache? Däär verlierd doch nuur die Nòòdele unn schdeerd, wammer mò uffem Balgoon iss.“ (Als gääde mier im Deddsember wäär wääs wie ofd uffem Balgonn sinn!) Awwer isch hann niggs gesaad, weil mei Fraa jò immer Reschd hadd unn isch mei Ruh.

Wie mier danne midde vum Deddsember in der Schdadd aan de Bäämschesverkeifer verbeikumm sinn, hann isch noch gefròòd, ob mer nidd doch schunnemò gugge kännde odder veleischd mò e Bäämsche seriggschdelle lasse sollde. Awwer Meins hadd gemennd, dass immer noch meh wie Dseid wäär unn dò hann isch aa so gans dussma die Sach middem Bäämsche vergess. Soll se ruisch mache, wie se denggd. Mer kann sisch jò nidd um alles kimmre.

Awwer dò wars aa schunn bassierd. De leddschde Daa vòòrem Heilisch Òòmend iss kumm unn mei Fraa saad, dass mier mò junner ins Dorf dsem Verkeifer fahre fier das Bäämsche. Mier kumme uff de Kirwebladds unn dò sinn die dò graad debei, de Bladds se kehre unn e Kondääner mid de Reschder vun de leddschde Bäämscher se fille. Was dann kumm iss, waar e Rundrääs dursch die Weld, fier noch e Bäämsche se grien.

Awwer all hann schunn abgebaud odder nuur noch e paar Grigge dò schdehn gehadd, die de mid guddem Gewisse niddemò fier die Ooma häddschd känne holle. Die hädde fier dei Kammien gelangd, nidd fier meh! Dò hannisch beim Färschder aangeruuf, ob mer noch im Wald e Bäämsche schlaan känne, awwer der hadd es Amd aa schunn geschloss gehadd unn wild wolld isch mer kääner ausem Wald besorsche, nidd dass misch aam Enn noch ääner verwiddschd hädd unn isch hugge fier die Weihnaachd im Kiddsche nuur weesche so em bleede Bäämsche.

Was iss aam Enn iwwrisch geblieb: Mier muschde de Dannebaam im Vòòrgaarde fälle, fier dass mer iwwerhaubd noch hann Weihnaachd känne feire. Unn dòòdefòòr gebbd Dissjòhr die Sach middem Bäämsche mò gans annerschd aangang. Isch fänge schunn näggschd Wuch aan middem Suche, danne hann isch bis Weihnaachd uff jeeder Fall ääner gefunn. In meim Gaarde hammer jò nuur noch de Abbelbaam unn die Friehkirsche. Dòòdemid kannschde Weihnaachd nidd feire. Iss doch wòhr!

Schdille Daache

Weihnaachd iss jò gans scheen, awwer die schdille Daache denòò sinn aach nidd iwwel. Nòò der Weihnaachd kummd fier misch jeed Jòhr so e Dseid, wo mer denggd, dass die Dseid beinäggschd e bissje dusma gehd. Das sinn die Daache dswische de Jòhre, aach wanns jò eischendlisch – wammers rischdisch holld – dswische de Jòhre kää Daache genn kann. Wo sollde die danne aach Bladds finne dswische Silweschder unn Neijòhr? Awwer mer hadd so e Gefiehl, als gääd es Jòhr mid der Weihnaachd se Enn gehn unn danne eerschd widder middem Neijòhr aanfange. Dòò genn kää Termiene gemach, weil mer denggd, es neie Jòhr lassd soowieso noch eewisch uff sisch waade unn iwwerhaubd: Wääs mer wirglisch, obs daadsäschlisch kummd? Unn wann doch iss danne jò aach noch Dseid!

Fier misch sinn die schdille Daache dswische der Weihnaachd unnem Silweschder so rischdisch gemiedlisch, wo mer danne Dseid hadd, fier uffsereime unn veleischd aach mò e Buuch se lääse. Fier die Weihnaachd hadd mer meischd meh wie genungg inkaaf, dass mer gudd unn gääre aach die näggschde virdsehn Daach auskumme gääd, ohne ebbes insekaafe.

Unn aan der Weihnaachd hadd mer die gans bugglisch Verwandschafd jò widder gesiehn, dass mer jeddse kää Huddel demid hadd, dass ääner so mierniggsdierniggs dse Besuuch uffdauchd odder aach nuur mò so aanruufd, weiler endlisch mò widder midder schwäddse will. Graad so kummd die gans Ruh dswische de Daache dehäär. Dò fangd mer aan e bissje se simmeliere iwwer Godd unn die Weld unn iwwer was wääs isch noch. Unn beim Nòòdengge finnd mer kää Enn.

Kann sinn naddierlisch, dass der Ään odder Anner ausem Dreiwe um die Weihnaachd gaarnidd rauskummd unn allgebodd die Sache umdausche muss, woorer falsch kaaf hadd. Veleischd musser aach das Geld, woorer gridd hadd dse Weihnaachd, gans figgs unner die

Leid bringe, nidd dasses verschimmeld iwwer die Daache, wääs mers? Naddierlisch gebbds aach Leid, die vun denne schdille Daache dswische de Jòhre gaarniggs midgrien unn danne hannse die aach noch verbassd wie so mansches annere im Lääwe... Aam Enn verbasse se es Beschde vum Lääwe unn hann niggs devun, wasse erlääbd hann unn wasse gesiehn hann unn iwwerhaubd! Jeddse hädd mer doch mò Dseid, e bissje se reime unn Ballaschd absewerfe. Was will mer ins neie Jòhr nidd midholle?

Eerschd wann danne Silweschder dòò iss unn de eerschde Jannewaar kummd, wann also die leddsche Raggeede druffgeballerd genn sinn, isses verbei mid de schdille Daache. Dòò genn dann aach widder Termiene gemach unn de Jòhreskallenner geschrieb, nidd dass mer em Elly sei Achdsischder noch vergessd odder wann die Goldne Hochdseid vum Pidd unn Gläärsche gefeierd gebbd. Dò will mer uff jeede Fall debei sinn. Das wäär jò gelachd, wann mer das verbasse dääd! Dòòdefier sinn danne die schdille Daache aach verbei.

Veröffentlichungshinweis:

Alle Texte wurden zunächst von der Saarbrücker Zeitung im Rahmen der Mundart-Kolumnenserie zwischen 2005 und 2012 auf der überregionalen Seite veröffentlicht.

Zusätzlich erschienen nachfolgende Texte auch in Büchern:

Der Text „Gudd gebuddsd“ wurde erstmals in dem Buch „MundART-Frühling“, ISBN 978-3-942767-01-9, Kelkel-Verlag, Dillingen veröffentlicht.

Der Text „Billischtigged nò Pariss“ wurde zuerst in dem Buch: „Hinzuus, hemmzuus“ , Lehnert-Verlag Saarbrücken, ISBN 978 3-926320-94 0 veröffentlicht.

Weitere Veröffentlichungen von Georg Fox:

Ganz äänfach: Gudd druff, Wichtige Stufen auf dem Weg zur saarländischen Vollkommenheit
PVS-Edition Heusweiler
ISBN: 3-9805454-1-5

ALS HÖRBUCH
Gudd druff
2 CDs, achtseitiges Booklet mit Texten und Skizzen, Musik zu den Texten von Matthias Köninger
CMO Hörbuch Hoer 7113,
ISBN: 978-3-939129-23-3

Gaa kää Probleem, Strategien für saarländische Problemlösungen
PVS Edition Heusweiler
ISBN: 3-9805454-9-0

Hausgeheischnis, Erzählungen und Kurzgeschichten,
PVS-Edition Heusweiler, ISBN:
3-9805454-7-4

Am Abend wird es still
am Köllerbach... Texte
der LITERATISSIMO-
Gartenlesungen
PVS Edition Heusweiler, ISBN:
978-3-937811-07-9